El diario de la marquesa de las Amarillas

Judith Farré Vidal

El diario de la marquesa de las Amarillas

Fasto y poder femenino en la Nueva España (1755–1760)

PETER LANG

New York · Berlin · Bruxelles · Chennai · Lausanne · Oxford

Información bibliográfica de la Deutsche Nationalbibliothek
La Deutsche Nationalbibliothek recoge esta publicación en la Deutsche Nationalbibliografie. Los datos bibliográficos están disponibles en la dirección de Internet https://dnb.dnb.de.

Catalogación en publicación de la Biblioteca del Congreso
Para este libro ha sido solicitado un registro en el catálogo CIP de la Biblioteca del Congreso.

Este trabajo se ha desarrollado en el marco del proyecto I+D «Fastos, simulacros y saberes en la América virreinal» (PID2020-113841GB-I00) y «Fastos, archivo y cultura femenina en la América virreinal» (PID2024-156258NB-I00).

Tal y como se anuncia en los criterios de edición, el texto base ha sido el ejemplar depositado en la Biblioteca Nacional de España en Madrid con signatura VE/1611/12.

Imagen de portada: Lienzo atribuido a José Joaquín Magón: *Retrato de los marqueses de las Amarillas en el arco para la entrada del virrey de las Amarillas en Puebla* (1755) [DATASET]; DIGITAL.CSIC; https://doi.org/10.20350/digitalCSIC/14504

ISBN 978-3-0343-5406-6 (Print)
ISBN 978-3-0343-5407-3 (ePDF)
ISBN 978-3-0343-5408-0 (ePUB)
DOI 10.3726/b22360

© 2026 Peter Lang Group AG, Lausanne, Suiza
Publicado por Peter Lang Publishing Inc., New York, USA

info@peterlang.com

www.peterlang.com

Contacto sobre el Reglamento relativo a la seguridad general de los productos (RSGP): gpsr@peterlang.com

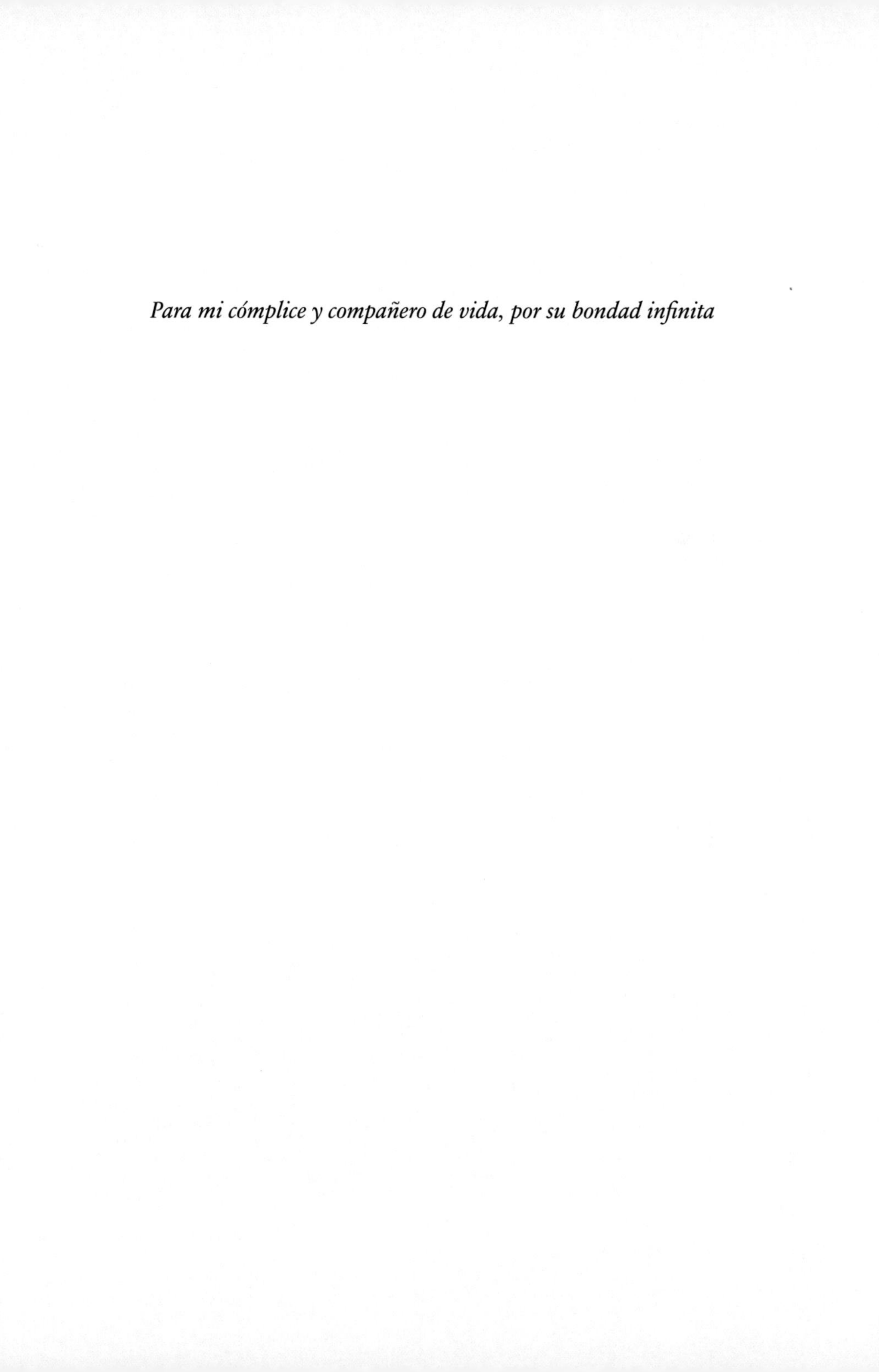

Para mi cómplice y compañero de vida, por su bondad infinita

Índice

El *Diario de la virreina.*
Estudio introductorio[1]

El texto que se presenta a continuación resulta un caso sugerente para el estudio de los circuitos de producción y mecenazgo cultural femenino en la Nueva España: es un diario del viaje de la marquesa de las Amarillas y su séquito desde la salida en el puerto de Cádiz, hasta la llegada a la Ciudad de México (1755). Está escrito en verso y la autoría se atribuye a la Virreina,

[1] Este trabajo se inició en el marco del proyecto «Fastos, simulacros y saberes en la América Virreinal» (PID2020-113841GB-I00) y concluye ahora en el desarrollo del proyecto posterior: «Fastos, archivo y cultura femenina en la América virreinal» (PID2024-156258NB-I00) www.archivocolonial.csic.es.

Mi reflexión en torno a la imagen simbólica de las virreinas arranca con dos publicaciones en 2007 y 2009 ("Sobre loas y festines o el elogio a las virreinas en la Nueva España durante la época de Carlos II", en *Teatro y poder en la época de Carlos II: fiestas en torno a reyes y virreyes*, Madrid-Frankfurt, Iberoamericana-Vervuert, 2007 y la edición del *Festín plausible con que el convento de Santa Clara celebró en su felice entrada a la Ex.ma D. María Luisa, condesa de Paredes, marquesa de La Laguna y Virreina de esta Nueva España*, México, El Colegio de México, 2009).

Este capítulo introductorio retoma, reelabora y amplía también otras tres publicaciones anteriores: "Las virreinas se visten de fiesta. Poder y ostentación encapsulada en la Nueva España", *Espacio Tiempo y Forma. Serie VII, Historia del Arte*, 11 (2023). https://doi.org/10.5944/etfvii.11.2023.36617; "Orgullo, poder y cuerpo de virreina en el diario de la marquesa de las Amarillas", *Studia Aurea: Revista de Literatura Española y Teoría Literaria del Renacimiento y Siglo de Oro*, 16 (2022). https://doi.org/10.5565/rev/studiaaurea.500 y "La entrada del marqués de las Amarillas en Puebla (1755), iconografía y sermón políticogratulatorio", *Nuevas de Indias. Anuario del Centro de Estudios de la América Colonial*, 6 (2021). https://doi.org/10.5565/rev/nueind.87

aunque bajo el supuesto de la mediación de su criado y secretario, Antonio Joaquín de Rivadeneira y Barrientos, quien pasó a verso el diario del borrador en prosa escrito por María Luisa del Rosario Ahumada y Vera. El texto, más allá de la firma, plantea un esquema creativo en el que la Virreina escribe una carta en verso a una amiga ausente en la corte de Madrid, contándole el viaje hasta la ciudad de México. El resultado es un artefacto literario que adopta el formato epistolar y que apunta a una performance de escritura en cuya tradición era habitual la intervención de un secretario. Como señala Fernando Bouza,

> Escribir de mano propia o por mano de secretario era una opción que tenía que ver con el cumplimiento de unos estilos que reclamaban materialidades distintas, de la carta hológrafa a la impresa. Incluso puede decirse que el recurso a la mano propia llegaba a dificultar la misma comunicación, pues no son raros los testimonios en los que un corresponsal le pide a otro que le escriba por mano de secretario porque no puede entenderlo[2].

Según el *Diccionario de Autoridades*, el secretario es la "persona a quien se encarga la escritura de cartas, correspondencias, manejo, y dirección principal de los negocios de algún Príncipe, Señor, Caballero o Comunidad"[3] y "por extensión se llama el que escribe a la mano lo que otro le dicta, especialmente cartas, como que hace oficio de tal en este acto"[4]. Rivadeneira se presenta como criado de la marquesa de las Amarillas desempeñando la función de secretario porque transcribe la carta que le confía la Virreina, cuyo asunto no es de gobierno, sino que simula una carta de aviso del arribo a México a una amiga de la Virreina.

Lo relevante es que se publique una carta que relata el diario de viaje de la Virreina, o un diario en formato de carta, que narra el viaje transatlántico en primera persona de la Virreina y se le atribuya la autoría, pese a estar escrita y firmada por su secretario, que actúa como su escribiente de confianza. En este contexto, la atribución es un asunto menor porque en la performance material de la escritura de cartas entre las élites de la época moderna era frecuente la

---

[2] Fernando Bouza, *Impresiones de lectura. Estudios sobre la materialidad de la escritura y la comunicación en la España moderna*, Madrid, Ampersand Ediciones, 2025, p. 79.

[3] Consulta en línea https://apps2.rae.es/DA.html.

[4] *Ibid*.

intervención de un secretario encargado de poner por escrito el borrador o el dictado del asunto. Así se recoge en los manuales epistolares o *secretarios de papel*, en los que se explicaba la preceptiva para redactar cualquier tipo de carta y se aportaban numerosos ejemplos. Gaspar de Ezpeleta y Mallol, por ejemplo, recogía en 1714 el caso de la respuesta de una señora a un capitán, en la que da acuse de recibo tras recibir noticia de la llegada después de un viaje:

> Estoy celebrando la noticia de que V. E. concluyese su viaje sin accidente que perturbase la felicidad, y sobre agradecida quedo asegurada de que la atención de V. E. se mantendrá en todas partes libre de que la entibie la ausencia, ni minore la distancia. Guarde Dios a V. E. muchos años como deseo, etcétera[5].

Podríamos pensar también, en la línea de Judith Butler (1993), que en este caso la autoría no implica una auténtica interioridad, sino que resulta de un efecto de prácticas reguladas por marcos culturales que determinan la voz que puede contar como legítima autora. El *Diario* se presenta como una correspondencia entre mujeres nobles, en la que la marquesa de las Amarillas cuenta a la amiga ausente, que ha quedado en la corte de Madrid, cómo ha sido el viaje y la noticia del posterior recibimiento a su llegada. La supuesta destinataria o ficticia corresponsal puede permanecer anónima porque su presencia parece más bien un recurso literario, la condición necesaria para cumplir con la preceptiva del género de la carta[6]. Pero más allá de la identidad histórica de la receptora de la carta-diario de viaje, el juego de las voces poéticas del *Diario* permite poner de relieve el discurso simbólico que elaboraron las mujeres de la temprana modernidad en torno al relato de sus desplazamientos transatlánticos y el establecimiento de redes de sociabilidad.

El *Diario* se publicó en 1757, dos años después de la llegada de los marqueses de las Amarillas como nuevos virreyes de la Nueva España, sin aprobaciones, dedicatorias ni licencias, siendo el único paratexto que lo acompaña un

---

[5] Panfilo Persico, Thomas Gainsford, Andrés Fernández de Andrada, Gaspar de Ezpeleta y Mallol, ed. J. Díaz-Noci, *El oficio de secretario: cartas de nuevas y avisos*, Barcelona, Universitat Pompeu Fabra, 2023, p. 38.

[6] "En el caso de la escritura de cartas, parece sencillo responder a la pregunta "¿para quién escribo?" de Virginia Woolf. En principio, la correspondencia lleva implícita la existencia de uno o varios destinatarios, no importa si reales o fingidos", Bouza, 2025, p. 66.

"Romance que el autor envía", donde Rivadeneira se excusa por el retraso en la redacción.

En este contexto resulta necesario problematizar las distintas capas que convergen en el *Diario*, trazar una ecología autorial[7] de un texto singular, pues el único diario con unas características similares es el que escribió el marqués de Villena en 1640. Por aquel entonces, el texto respondía a la necesidad del primer Grande de España en ser nombrado virrey de contar en la corte madrileña las grandezas y el fasto asociados al cargo[8]. En este caso resulta necesario apuntar también que la Virreina ejerce una posición jerárquica superior, que la coloca por encima de su criado. En esta situación de poderes la Virreina ejerce claramente el control, por lo que el secretario se sitúa en un espacio de subalternidad manifiesta.

Transcurrido más de un siglo entre ambos textos, es preciso plantearse las razones por las que una virreina, una posición social sin compromisos políticos asociados, decide atribuirse o patrocinar un diario del viaje transatlántico a la capital novohispana, pero recurre a la figura intermedia del secretario como mediador para versificar *su* diario. O, dicho de otro modo, también podemos plantearnos por qué el secretario de la Virreina escribe un diario del viaje a la Nueva España y le atribuye la invención del borrador en prosa a la marquesa de las Amarillas, situándose él como mero intermediario de la escritura. A esta supuesta ficcionalización en el proceso autorial, se suma la recreación de otro artificio poético para enmascarar el proceso creativo, que consiste en presentar como supuesta destinataria del *Diario* a

---

7   Julia Lewandowska, en una reseña a Aina Pérez Fontdevila y Meri Torras Francés, *Qué es una autora? Encrucijadas entre género y autoría* (2019), lo resume bien: "Es difícil sopesar la influencia de las corrientes del pensamiento feminista y de género en las investigaciones sobre la condición de las autoras en tanto sujetos textuales, semióticos, corporales y políticos, las dinámicas de producción y reproducción de una feminidad discursiva y normativa o las propias tecnologías de la heterodesignación. Sin embargo, lo que quizá más relevancia tiene en el marco de los estudios culturales actuales es que ha sido precisamente gracias a estas teorías aplicadas al campo de la semiótica social, al análisis del discurso y a la historia cultural donde se ha podido enunciar con una eficacia política que, para decirlo a Julio Ortega, la muerte del sujeto ha muerto", "¿Qué es una autora? Encrucijadas entre género y Autoría", *Revista Nomadías*, 28 (2019), pp. 165–172, (p. 165).

8   Judith Farré Vidal, "Fiesta y poder en el Viaje del virrey marqués de Villena (México, 1640)", *Revista de Literatura*, LXXIII, 145 (2011), pp. 199–218, en línea https://doi.org/10.3989/revliteratura.2011.v73.i145.259.

una amiga de la Virreina en la corte madrileña, que lo recibe impreso como una carta, siguiendo la tradición del género epistolar con la intervención de un secretario escribidor.

Además, esta primera edición crítica del texto[9] ha permitido poner de relieve la posibilidad de que en la redacción del *Diario de la virreina* intervengan varias manos o, al menos, de que se distingan claramente dos registros autoriales. Una hipótesis que se basa en las diferencias de tono entre el yo poético que describe en metáforas corporales el dolor por la partida y la voz poética que describe la ciudad y el paisaje según tópicos de tradición clásica, muy cercanos a una poesía de academia y de circunstancias[10]. La descripción panegírica de ciudades se había consolidado entre la tradición barroca y la nueva poesía neoclásica. Un ejemplo de su aceptación y de cómo se había constituido en un importante reclamo es el curioso dato que ofrece Diego García Panes[11], que pasó con el grado de alférez de Artillería a Nueva España y también formaba parte del séquito del virrey marqués de las Amarillas. Escribió el *Diario particular del camino que sigue un virrey en México*[12] y se refería a Rivadeneira así:

---

[9] Claudia Llanos y Clara Ramírez llevaron a cabo en 2016 una edición del texto en la colección *Escritos de mujeres siglos XVI al XVIII*, Ciudad de México, Universidad Nacional Autónoma de México, Instituto de Investigación sobre la Universidad y la Educación. A pesar del valor que supone esta primera recuperación del texto, cabe decir que no se trata de una edición crítica y anotada. Tampoco se problematiza la autoría del texto ni la posibilidad de la escritura a cuatro manos, puesto que se atribuye de manera fehaciente a la virreina.

[10] En palabras de Marina Paniagua, una "poesía de escasa vitalidad, tanto en la de tendencias ilustradas como en el bucolismo rococó o en la de pervivencia barroca", en "La poesía mexicana en la "Gazeta de México" a finales del siglo XVIII. Entre la herencia barroca y la Ilustración", CESXVIII, 28 (2018), pp. 131–156 (p. 155).

[11] García Panes, Diego, «Personaje», en Real Academia de la Historia, Diccionario Biográfico electrónico (https://historia-hispanica.rah.es/biografias/51760-diego-garcia-panes-abellan).

[12] Sobre el propósito de la obra, escribe el propio Panes una exposición en la que precisa: "En el año de 1755, que fui a Nueva España con el Virrey Don Agustín de Ahumada, Marqués de las Amarillas, a servir de alférez de Artillería en la plaza de Veracruz, recibí particular encargo de un sujeto de primera clase en la Corte de escribir y remitir un Diario pormenorizado de todo cuanto acaeciese en la navegación y en el viaje por tierra desde Veracruz a México.
Hasta aquellos tiempos se tenía en España poca noticia del ceremonial y pompa con que era recibido un Virrey en Nueva España", Diego García Panes, *Diario particular del camino que sigue un virrey en México*, Madrid, Ministerio de Obras Públicas, Transporte y Medio Ambiente, Centro de Publicaciones, 1994, p. 69.

> Ya dije que Don Antonio de Rivadeneira y Barrientos, Fiscal de la Real Audiencia de México, escribió en verso el diario y entrada pública del Virrey Marqués de las Amarillas, en cuyo poema [va] haciendo una corta descripción de lo que es aquella hermosa y grande ciudad[13].

Después del elogio a Rivadeneira y exponer claramente que es el autor del diario, García Panes destaca los versos que se refieren al elogio a la ciudad de México y cierra su *Diario particular* reproduciendo versos que entresaca del diario de Rivadeneira. En concreto, junta dos segmentos: los vv. 1188–1227 y 1132–1187[14]. El hecho que cierre su *Diario particular* con los versos de Rivadeneira es una muestra clara del aprecio que le tenía y, además, del gusto por este tipo de poesía de encomio urbano. De este cruce de referencias entre los diarios que se generan alrededor de la llegada de los marqueses de las Amarillas a la ciudad de México, García Panes también recalca los versos que se refieren a la entrada pública del virrey. Se refiere al *Diario* como documento escrito por Rivadeneira y subraya solo dos asuntos: el panegírico a la ciudad y la entrada del virrey en la capital novohispana. Son dos circunstancias que refuerzan esta idea de que en el *Diario de la virreina* se superponen dos horizontes de expectativas: el que se contiene en la carta que supuestamente escribe la Virreina para su amiga en la corte y los fragmentos que eventualmente son añadidos de Rivadeneira. Estas diferencias en la enunciación poética marcarían dos eventuales instancias autoriales: el yo poético en primera persona de la virreina que describe su viaje y una voz que, en tercera persona, detalla el paisaje según tópicos clásicos.

El *Diario de la virreina*, una carta cortesana

En 1757 se publicó en México, en la Imprenta de la Biblioteca Mexicana, el *Diario notable del viaje que hizo la marquesa de las Amarillas y virreina de México desde el puerto de Cádiz hasta la referida corte, escrito por un criado de Su Excelencia*. Son muchos los interrogantes que plantea su aparición y señalan el carácter extraordinario del impreso. Sin entrar en valoraciones literarias, un primer acercamiento para poner en valor el texto puede trazarse desde la tradición literaria y la genealogía en la que se inscribe.

---

[13]   García Panes, 1994, p. 121.

[14]   García Panes, 1994, pp. 121–125.

Es un texto excepcional, puesto que en el marco de la tradición novohispana, solo hay otro texto similar que describa el viaje de un virrey desde su salida en puerto español hasta su llegada a la capital de México. Es el que escribió Cristóbal Gutiérrez de Medina en torno al trayecto del marqués de Villena, desde Escalona hasta la ciudad de México, con motivo de su nombramiento como virrey en 1640. El texto de Medina tiene una clara función política, ya que su objetivo es dar a conocer en la corte española todos los fastos y ceremoniales americanos que envolvían el puesto y con los que se le dio la bienvenida. Se trataba del primer Grande de España en ostentar el cargo que, además, estaba emparentado directamente con Felipe IV.

La ostentación y el cuidado en la organización de los fastos en torno a su llegada demuestran cómo en el siglo XVII se entendía el alcance y la entidad de la designación de un Grande de España para el cargo de virrey, y de qué manera se quería transmitir a la corte madrileña la noticia del recibimiento. Inmerso en este escenario político, el relato del *Viaje* responde al mismo programa de retribución simbólica por la que el elogioso retrato del marqués de Villena se reviste de un constante halo de providencialismo, piedad religiosa y generosidad. En última instancia, su fin es revelar la esperanza por un buen gobierno, de ahí que el último capítulo del *Viaje* insista en el carácter excepcional del nuevo virrey, quien al llegar a la ciudad de México

> y ver tanta ostentación de grandeza, tanto aparato de riqueza [...], mandó llamar a los comisarios de esta magnífica prevención, y con palabras afables y corteses, llenas de estimación, les dijo que toda aquella plata, curiosidades y juguetes preciosos, se recogiese todo, porque no les faltase algo, advirtiendo que de sola su plata se había de servir y no había de recibir ni un lenzuelo; que no venía a quitar, sino a dar; no a mirar por sus aumentos, sino por los del Reino; [...] acción tan aplaudida como desviada de las entradas de los demás virreyes, y maña secreta de hacerse señor de todos los corazones, como se hizo, viendo que les venía un señor no a quitar, sino a dar; no por su negocio sino por el de sus súbditos, acción propia del Dios humanado, que no vino por sí sino solo a remediarnos[15].

---

[15] Cristóbal Gutiérrez de Medina, *Viaje del virrey marqués de Villena, introducción y notas de Don Manuel Romero de Terreros* (formato PDF), México, Universidad Nacional Autónoma de México, Instituto de Historia, 1947 (Primera Serie 3), p. 77.

Con más de un siglo de diferencia, puede afirmarse que el *Viaje* del marqués de Villena y el *Diario* de la virreina se inscriben en una misma tradición que abren y cierran respectivamente, presentando varios rasgos en común. En ambos casos reconocen la mediación de una instancia de escritura subalterna, intermedia y subordinada al protagonista y destinatario primero de la publicación: el viaje del marqués de Villena fue escrito por Gutiérrez de Medina, que embarcó en la flota en calidad de capellán y limosnero del virrey, y el *Diario notable de la virreina* recoge en la portada la firma de Antonio Joaquín de Rivadeneyra Barrientos, bajo siglas y en calidad de criado de la virreina. También coinciden en el recorrido geográfico del viaje, desde la salida en el puerto de mar en España hasta la entrada en la ciudad de México.

Es curiosa la coincidencia con más de cien años de diferencia por la que el primer Grande de España en ostentar el cargo de virrey en Nueva España y posteriormente una virreina encarguen, patrocinen y protagonicen un diario de viaje hasta la capital novohispana, un relato que en ambos casos emerge como testimonio de la grandeza e importancia del cargo virreinal. Más allá del arco temporal que encuadra la evolución y vigencia de los protocolos en el recibimiento del séquito virreinal, una de las circunstancias que convierten el *Diario de la virreina* en un testimonio único es, precisamente, el hecho de que el texto se atribuya a una virreina.

No es tan importante que Rivadeneira como secretario pasara a verso el diario supuestamente escrito por la Virreina como borrador, sino que dicha publicación impresa se atribuya a María Luisa Ahumada y Vera, que aparece como protagonista y voz poética del texto. Lo que parece realmente trascendente es plantearse por qué Rivadeneira se apropia de la voz poética de la Virreina, en caso de que, aprovechando su condición de secretario, quisiera homenajear a la marquesa de las Amarillas. La impresión en la Biblioteca Mexicana es indicio claro de que la Virreina era conocedora de dicha publicación, lo que nos lleva a plantearnos si se trata de una iniciativa auspiciada por la Virreina que encargaría a su criado el *Diario* o si fue a la inversa, que Rivadeneira ofreció el *Diario* a La Virreina. La cuestión es relevante en tanto nos ofrece un nuevo escenario en el que replantearnos la figura de la Virreina como autora o su estatus como mecenas.

El impreso no contiene dedicatorias, aprobaciones o licencias, por lo que no puede reconstruirse el circuito impreso de la publicación o sus circunstancias de escritura, pero la portada es un signo manifiesto del orgullo de la Virreina por su genealogía nobiliaria y por su desempeño, lo que, en esta coyuntura, la relaciona con el marqués de Villena.

El segundo apartado para mesurar la singularidad de este *Diario* que se atribuye a la Virreina y firma bajo siglas su criado, Antonio Joaquín de Rivadeneira y Barrientos, puede tomar como punto de partida el análisis de la portada:

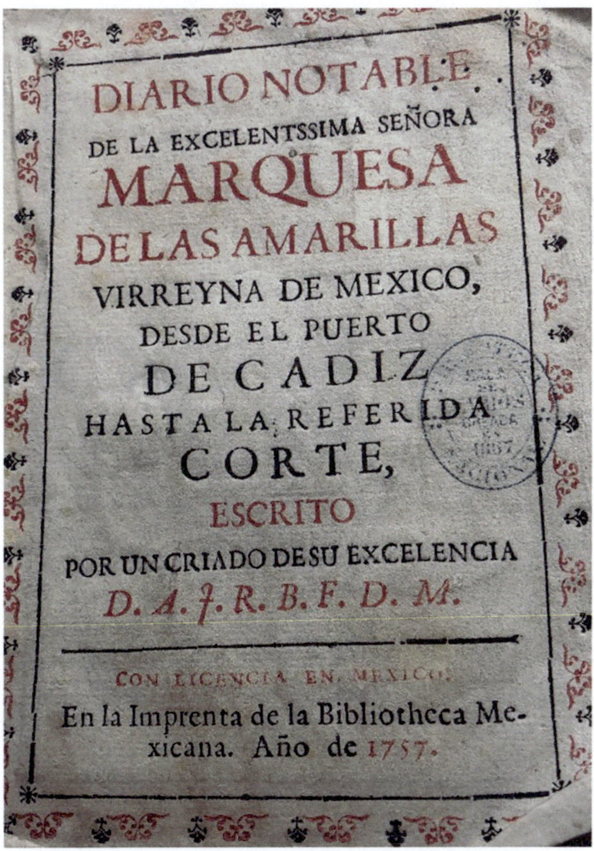

Figura 1 Portada del ejemplar depositado en la BNE, Madrid. Fotografía de la autora

Lo más llamativo es la atribución del *Diario* a la Virreina y la mediación de su criado, bajo siglas, como encargado de escribirlo. Son parámetros de análisis visual la combinación de dos tintas, en negro y rojo, y la alternancia de mayúsculas y minúsculas, en diferentes tamaños. El resultado es la inmediata impresión del protagonismo absoluto de la marquesa de las Amarillas por encina del "autor" de su *Diario notable*.

Las siglas D.A.J.R.B.F.D.M. responden a Antonio Joaquín de Rivadeneira y Barrientos (1710–1772), que fue oidor supernumerario de Guadalajara, fiscal del Crimen de México, fiscal de lo Civil de México y oidor de México[16]. Según se recoge en su biografía, Rivadeneira recibió el grado de bachiller en Filosofía y en Leyes de la Universidad de México. Obtuvo una beca en el Colegio Mayor de Todos Santos el 11 de noviembre de 1731, sirvió en varios cargos, compitió por la Cátedra de Instituta y permaneció en residencia hasta 1746. La Audiencia de México lo aprobó para ejercer como abogado en 1733. Mientras aún se encontraba en Todos Santos, comenzó a servir en diversos puestos: fue asesor de los alcaldes de la ciudad y del pueblo de Carrión en el Valle Atrisco y el virrey-arzobispo interino Juan de Vizarrón lo nombró abogado para pobres de la sala del Crimen de la Audiencia en 1739, con capacidad similar en el Tribunal del Santo Oficio, la ciudad de Puebla y el Convento Agustino de México. En 1744 Rivadeneira se convirtió en agente fiscal de la sala del Crimen, sirvió como asesor del virrey duque de la Conquista y fue comisionado para resolver una disputa por tierras de su sucesor, el conde de Fuenclara.

En 1746 viajó a España por negocios familiares y para asegurarse un puesto. En 1748, tras un pago de 13.000 pesos, obtuvo el nombramiento como oidor supernumerario de la Audiencia de Guadalajara. Sin llegar a ocupar este puesto, logró la fiscalía criminal de la Audiencia de México el 22 de diciembre de 1753. Consiguió una licencia para navegar a Nueva España con los criados José Ostos, de Écija; Diego Ibiricu, de Cádiz; Antonio de la Cruz, de Zacatecas, y Manuel Tagle, un "negro libre". Rivadeneira regresó a Nueva España en 1755, en la misma embarcación en la que iba el nuevo virrey que asumió el puesto el 30 de octubre de 1755, y junto a la marquesa de las Amarillas.

La trayectoria de Rivadeneira hasta 1755 es reveladora de sus aspiraciones por desempeñar cargos y prosperar; un empeño que, como trato de demostrar, podría relacionarse con su presentación como *autor mediador* en el *Diario* y

---

[16] Toda la información bibliográfica de Joaquín Rivadeneira y Barrientos la extraigo del *Diccionario Biográfico electrónico* de la Real Academia de la Historia: Mark A. Burkholder, "Antonio Joaquín de Rivadeneira y Barrientos", en Real Academia de la Historia, Diccionario Biográfico electrónico (en red, http://dbe.rah.es/ Diccionario RAH).

secretario escribidor. Me refiero a Rivadeneira como *autor mediador* y supuesto encargado de traducir en verso el diario en prosa escrito por la marquesa de las Amarillas durante el viaje hasta la Ciudad de México. Rivadeneira se presenta como secretario, hombre de confianza y escribidor de la Virreina, siguiendo un modelo con una arraigada tradición entre la nobleza. Bajo esta condición resulta decoroso y verosímil que adopte la voz poética de la Virreina en el relato de viaje que, cómplice, aparentemente transmite a una amiga en Madrid.

Este planteamiento creativo que presenta a Rivadeneira como instancia intermedia puede problematizarse a partir de una doble lectura. Por un lado, puede interpretarse desde una colaboración real que, efectivamente, hubiera propiciado una escritura del *Diario* a cuatro manos entre la Virreina y su secretario. Del mismo modo, también puede pensarse que se trata de una intercesión fingida, un artificio que permite que Rivadeneira, como agente y corresponsal, asuma desde el ámbito público la voz autorial de la Virreina, un registro poético femenino que en muchos pasajes se codifica a través del cuerpo. Desde un ámbito privado, también resulta verosímil que el secretario hubiera ofrecido el escrito a la Virreina como testimonio de la importancia del viaje y la trascendencia de su nueva posición como virreina. En este escenario, la escritura del diario se desempeñaría como una prebenda que, como el resto de negociaciones de puestos, Rivadeneira ofrecería directamente a la Virreina dentro de una estructura de demandas clientelares.

En ambos casos, tanto si atendemos a una escritura a cuatro manos entre la Virreina y su secretario, real o fingida y en mayor o menor proporción, la figura de Rivadeneira emerge como intermediario y supuesto autor supeditado al borrador en prosa de la Virreina. Del mismo modo, y en cualquier caso, su figura se posiciona públicamente dentro de un circuito de mecenazgo al amparo de la Virreina.

Tal y como ha estudiado Iván Escamilla[17], el perfil de Rivadeneira encaja bien en el del pretendiente indiano que se persona en la corte de Madrid

---

[17] Le agradezco a Iván Escamilla todas sus sugerencias y comentarios a propósito de Rivadeneira en el marco de estas figuras de intelectuales novohispanos. Para el contexto de estas primeras generaciones de letrados, véase su artículo "La generación reformista novohispana de 1670" en *Nueva España y el Pacífico hispánico. Un homenaje a Carmen Yuste*, María del Pilar Martínez López-Cano, Guadalupe Pinzón Ríos y Javier Sanchiz Ruiz (coordinación), Ciudad de México, Universidad Nacional Autónoma de México, Instituto de Investigaciones Históricas 2023, pp. 231–256 (p. 237).

para vincularse políticamente con la nueva dinastía borbónica, con el fin de impulsar su carrera personal, y desempeñar además un papel activo en la reforma y la política del imperio —algo que se confirma con el tipo de obras que publica durante su estancia en Madrid—. También José Luis Soberanes Fernández, en su estudio de la vida y obra de Rivadeneira, destaca la movilidad transatlántica como vía para prosperar:

> El 11 de abril de 1747, se le concedió a Antonio Joaquín licencia para viajar a España, con el propósito de resolver asuntos familiares, aunque realmente se trasladó a la metrópoli con el objetivo de presentarse y darse a conocer en la Corte, lo cual vino a cristalizar en el nombramiento que, el 30 de enero de 1748, el rey Fernando VI le otorgó como oidor de la Real Audiencia de Guadalajara, en el Reino de la Nueva Galicia, y por la cual ofreció pagar la cantidad de 13.000 pesos fuertes[18].

Las noticias que han trascendido de sus ocupaciones mientras estuvo residiendo en Madrid dan cuenta de sus inquietudes intelectuales y políticas. Hay noticia, por ejemplo, de que poseía un gabinete de física o de que perdió en un naufragio en el cabo Catoche una magnífica biblioteca[19]. Aunque lo más destacable es que en este período estaba preparando algunas obras para la imprenta, como un *Diccionario* que se refería especialmente a cuestiones americanas[20]. Su producción como jurista es mayoritariamente en prosa, aunque mientras estuvo en España también publicó en verso los tres volúmenes de *El Pasatiempo, para uso del Ex.mo Señor Carvajal y Lancaster, una historia del mundo desde la creación hasta Fernando VI* (1752), un largo poema didáctico y religioso en endecasílabos, que difícilmente puede compararse por el tema y la extensión con los versos de la silva del *Diario* de la Virreina.

Si bien por el tono, la forma y el asunto el *Diario* no puede equipararse con el resto de la obra de Rivadeneira, siendo esta mayoritariamente en prosa y de contenido legislativo, sí pueden buscarse otras complicidades por alinearse

---

[18] José Luis Soberanes Fernández, *Antonio Joaquín de Rivadeneyra y Barrientos*, Ed. facsímil de la obra según la edición de Marín de 1755, en 531 f. México, Editorial Porrúa, 1993, pp. 224–225.

[19] Mark A. Burkholder, "Antonio Joaquín de Rivadeneira y Barrientos", en Real Academia de la Historia, *Diccionario Biográfico electrónico* (en red, http://dbe.rah.es/ Diccionario RAH), recoge, además, el dato de que mientras fue oidor de la Audiencia fue denunciado por poseer libros prohibidos.

[20] José Luis Soberanes Fernández, 1993, p. 225.

todas en un contexto de mecenazgo y como búsqueda de formas para prosperar. Por ejemplo, la "Dedicatoria" de Gutiérrez de Medina en el *Viaje* del marqués de Villena —cabe recordar que el *Viaje* es el antecedente más evidente del *Diario*— brinda claros indicios del papel que podían llegar a desempeñar este tipo de obras en un circuito de mecenazgo virreinal. La carta dedicatoria se encabeza con unos versos de Horacio (*Mecenas atavis edite Regibus*):

> Juzgo que cuando Vuestra Excelencia vea esta relación que le remito ha de decir que su autor es el incógnito, por lo cual determiné escribirla para ser conocido, cuando soy reconocido capellán y limosnero mayor del Marqués, mi Señor, y para ser *bien recebido en el conocimiento y servicio de Vuestra Excelencia*, quise gozar la ocasión de ponerme al lado del viaje feliz de mar y tierra, y del tan afectuoso como grande (si bien debido) recibimiento que este Reino de Nueva España hizo al Marqués mi Señor[21].

En este sentido, cabe valorar también que Rivadeneira se embarcó de regreso con los marqueses de las Amarillas en el mismo trayecto a la Ciudad de México, después de haber realizado el viaje a España para conseguir el cargo de fiscal del Crimen, y que en 1760 fue ascendido a la fiscalía civil para sustituir a Luis de Mosquera y Aranda, por consulta del 28 de abril y título del 21 de junio de 1760. En 1761, por consulta del 14 de mayo y título del 15 de agosto, fue nombrado para reemplazar al difunto Francisco López Adán como oidor de la Audiencia, donde sirvió hasta su muerte. La publicación del *Diario de la virreina* en 1757 se inscribe en el intervalo de 1755 a 1760, momento en el que Rivadeneira logró ascender a los máximos puestos en su carrera, por lo que también podría pensarse que, como Gutiérrez de Medina, para ser *bien recebido en el conocimiento y servicio de los Virreyes*, participara en la publicación del *Diario* para ofrecérselo a la Virreina.

Según consta en la biografía que publica Mark A. Burkholder, mientras fue oidor fue denunciado por poseer libros prohibidos, por lo que puede entenderse que sería un personaje con cierta cultura e inquietudes lectoras. La producción de Rivadeneira se circunscribe mayoritariamente al ámbito legislativo, muy ligada al patrocinio al que se sujeta. Además del *Diario*, es autor de: *El Pasatiempo, para uso del Ex.mo Señor Carvajal y Lancaster*, una

---

[21] Gutiérrez de Medina, Cristóbal, *Viaje del Virrey marqués de Villena*, ed. M. Romero de Terreros, México, UNAM, 1947, p. 3.

historia del mundo desde la creación hasta Fernando VI (1752), un extenso poema que, como ya apuntamos, escribió durante su estancia en Madrid y que estaba compuesto por XIV cantos que, en tres volúmenes, tratan sobre las XIV épocas del mundo, desde su creación hasta el reinado de Fernando VI, y en el que se recogen los sucesos sagrados y profanos más notables; el *Manual compendio del Regio Patronato Indiano* (1755), donde trazaba el patronaje real hasta el Libro de Génesis y por el que la Corona le dio 4.000 pesos; la *Defensa de la jurisdicción real* (1763) y el borrador de la protesta enviada a España por el Ayuntamiento de la ciudad de México en 1771 sobre una pretensión de nombramientos para americanos[22]. Juan Manuel Villarubia, prefecto de los Reales Estudios de Humanidad y Bellas Letras del Colegio Imperial de la Compañía de Jesús, ofrece un retrato de Rivadeneira en la censura que dedica a *El Pasatiempo*, donde destaca esas inquietudes literarias y cultura libresca:

El autor de esta obra trabaja según el modelo de los verdaderos sabios. Educado en Colegio de tanto lustre, entre las tareas de Minerva, ha llegado a hacer costumbre y naturaleza el tesón del estudio. Original de aquel hermoso jeroglífico del compás, que suele finalizar los libros. Un punto en el centro, que es el bufete de su estudio, y el ingenio rodeando el círculo de las Ciencias. Este mérito le ha colocado en un alto grado de honor y en un concepto singular, como el que forman los más autorizados tribunales de Nueva España, el Virrey, Acuerdo, Real Sala del Crimen y en sus cuerpos los Cabildos seculares y eclesiástico de México, Puebla, Villa de Atrisco, informando al Rey como consta de los instrumentos [...] Sobre el hábito decoroso del estudio, no se olvida de las alhajas y tesoros de Pico. Una magnífica librería, buscada a todo costo y todo trabajo. Biblioteca grande, hasta en la desgracia. Y a la verdad, si se conoce la grande pérdida de un naufragio por los fragmentos y reliquias que arroja a la resaca de las orillas, por los libros, como de deshecho, que aparecen aun en los estantes del autor, se colige cuál sería aquella pérdida. No se olvida tampoco de la alhaja tan del gusto de los sabios en estos tiempos. Un bello gabinete de instrumentos de Física y Astronomía, para gastar en tan admirables espectáculos el precioso tiempo, que otros gastan en los profanos. Estas alhajas no son de sola ostentación. Aun hace

---

[22] Mark A. Burkholder, "Antonio Joaquín de Rivadeneira y Barrientos" y José Luis Soberanes Fernández, "Vida y obra de Rivadeneyra", *Anuario mexicano de Historia del Derecho*, VII (1995), México, UNAM, Instituto de Investigaciones Jurídicas, pp. 221–237.

mucho más espléndidos su Biblioteca y Gabinete con sus incesantes tareas. Espero que las obras que irá dando a luz, desempeñarán este elogio[23].

El análisis de la portada del *Diario de la virreina*, además de esta presencia velada del secretario como supuesto amanuense de la virreina, muestra una diferencia de dos años entre la publicación y el asunto del viaje de la virreina, que tuvo lugar en 1755. Es una diferencia por la que se excusa el propio Rivadeneira en el *Romance* que precede al *Diario* y que atribuye a sus obligaciones del cargo en la fiscalía criminal de la Audiencia de México:

va *este Diario* que ha salido,
por más que yo lo deseaba,
tardo, como mi fortuna,
largo como mi esperanza.
Para que obra tan humilde
pueda en algo seros grata,
vuestra bondad generosa
sea madrina de mis faltas.
No ha podido ir antes porque
tanto hasta ahora me embarazan,
la fortuna de serviros,
mis fortunas atropadas. (vv. 5–16)

Como vimos, Rivadeneira había sido nombrado fiscal del Crimen el 22 de diciembre de 1753, por lo que estaba familiarizado con las obligaciones del cargo desde antes de la llegada de los virreyes, ya que desde 1744 ejercía de agente fiscal de la sala del Crimen. La disculpa por el retraso en la composición, más que por los deberes del puesto, un empleo con el que ya estaba habituado, seguramente pueda interpretarse como un motivo retórico, una *amplificatio* para señalar la importancia de las responsabilidades asociadas al puesto y excusar el supuesto retraso en la redacción.

---

[23] "Censura del Rmo. P. M. Juan Manuel Villarubia, Prefecto de los Reales Estudios de Humanidad y Bellas Letras del Colegio Imperial de la Compañía de Jesús" a Antonio Joaquín Rivadeneyra y Barrientos, *El Pasatiempo: obra útil para instrucción de todos los jóvenes*, Madrid en la Imprenta de Benito Cano, 1786, pp. XVII-XVIII.

Otro de los motivos que podrían avalar esta demora podría ser que el *Diario* se hubiera ideado como un acompañamiento del duelo de María Luisa del Rosario de Ahumada y Vera por la muerte de su hijo, Agustín de Ahumada. Hijo único de los virreyes, nació en 1754 y con tan solo 2 años fue nombrado capitán de la Compañía de Infantería del Real Palacio. Murió el 1 de marzo de 1756, después de una grave enfermedad.

Figura 2 Anónimo, *Caballerito Ahumada*, óleo sobre lienzo, siglo XVIII. Col. Museo Soumaya, Fundación Carlos Slim, Ciudad de México

Tras su muerte, los virreyes se habían trasladado al palacio del arzobispo de Tacubaya y allí se establecieron para pasar el luto, mientras don Felipe Caballero, secretario particular del virrey, le suplió en las tareas del gobierno. Allí permanecieron hasta junio, donde recibieron las visitas de condolencia de los principales "sujetos de distinción" de la capital novohispana[24]. Tal y como recoge Frederick Luciani a partir del *Diario* de Castro Santa-Anna:

[Los virreyes] poco a poco se vuelven a integrar en la vida ceremonial y social de la ciudad a la que han llegado apenas hace unos meses. En abril vienen a la ciudad a pasar semana santa, y la marquesa acude varias veces al coliseo de la ciudad ya que en él hay "una compañía de farsantes, los más de ellos poblanos, que han representado muy al gusto del público". Cuando los marqueses vuelven a México para quedarse, el 13 de junio, hacen escala en el coliseo otra vez para gozar de una comedia. De nuevo instalados en el palacio virreinal, reanudan sus tareas ceremoniales[25].

Una vez asentados en la Ciudad de México, a partir del 5 agosto y hasta el 10 de octubre de 1756, los virreyes visitaron los veinte conventos de monjas de la capital y en todos fueron recibidos y agasajados. En este circuito de obsequios y celebraciones, el *Diario de la virreina* podría también interpretarse como un ofrecimiento de Rivadeneira, que lo brindaría a la Virreina como homenaje y recuerdo de los días pasados. Esta noticia explicaría también el sentido de los deícticos en los versos iniciales del Romance preliminar ("El autor envía con su hijo a la Excma. Sra. Marquesa de las Amarillas, virreina de México, el *Diario* de su viaje con el siguiente Romance"):

Con *este* ángel, gran Señora,
que es memoria muy amada
y muy tierna de *aquel otro*,
su amigo que a Dios alaba,
va este *Diario* que ha salido,
por más que yo lo deseaba,
tardo, como mi fortuna,
largo, como mi esperanza. (vv. 1–8)

---

[24] En el AGI consta el expediente (ES.41091.AGI/24//MEXICO,696) de un extraño episodio ocurrido tras la muerte del hijo de la pareja. Según recoge el expediente, don José Alvarez Entale, alguacil mayor de la Ciudad de México, y su mujer, Andrea de Anaya, hicieron la donación de todos sus bienes a la marquesa de las Amarillas para que los uniese a sus mayorazgos bajo diferentes condiciones, con el objetivo de darle el pésame por la muerte de su hijo. Esa donación no fue aceptada por el Consejo de Indias y tuvo que devolverles los bienes (Romero de Terreros, *La vida social de la Nueva España*, México, Porrúa, 1944, p. 159).

[25] Frederick Luciani (ed.), *Relación del festejo que a los marqueses de las amarillas hicieron las señoras religiosas de san jerónimo*. Mexico 1756, Pamplona, Madrid, Frankfurt am Main, Universidad de Navarra, Editorial Iberoamericana–Vervuert, Bonilla Artigas, 2011, p. 11.

El recuerdo del hijo fallecido y la escritura del *Diario* quedan estrechamente vinculados en estos versos iniciales del Romance que, como paratexto, precede la publicación. El título del encabezado alude a Rivadeneira como autor del *Diario*, que se disculpa por la tardanza en la redacción. Otro de los aspectos llamativos que introduce el Romance es el doble juego de metáforas que establece, y que presenta el *Diario* como *ángel*, parto e hijo de entendimiento de su autor, que se envía en memoria tierna y amada de aquel otro hijo de la Virreina, ya fallecido y a quien va dedicado.

De este modo, con la publicación en 1757, Rivadeneira participaría también públicamente en el obsequio a los virreyes, y se inscribiría en el circuito de festejos conventuales de 1756 con los que se recibió a los virreyes a su regreso a la Ciudad de México. Con este acompañamiento en el duelo conseguiría una notable visibilidad, que tendría algo que ver en sus ascensos durante el periodo de 1755 a 1760, los mismos años en los que estarían los marqueses de las Amarillas en el gobierno.

Y, dentro de este circuito de mecenazgo y vasallaje, emerge la figura de la marquesa de las Amarillas como agencia femenina de ostentación, poder, piedad y linaje en la corte novohispana. La genealogía del texto se alinea con los registros del diario y de la carta, géneros que en la órbita femenina se encuadran en un espacio intermedio entre lo público y lo privado, y que también remiten a las comunidades afectivas y las amistades entre mujeres que se establecen en la época moderna dentro de los circuitos nobiliarios. El género del diario permite la novedad de focalizar el relato del viaje transatlántico desde la óptica de la Virreina, aunque haya sido escrito por Rivadeneira o se haya gestado en un proceso de escritura a cuatro manos. Predomina la voz poética de la Virreina que se erige en emisora del *Diario* que, bajo la situación comunicativa epistolar, lo dirige a una amiga en la corte de Madrid. Son varios los pasajes en los que el poema interpela a una amiga amada y cercana, declarándose esta situación comunicativa desde los primeros versos:

> En tanto, amiga amada,
> que una y otra jornada
> dejan en mi camino
> lugar a la opresión, tiempo al destino,
> permita Vuestra Excelencia
> que supla mi expresión a mi presencia,
> por que esta vez el corazón presuma,
> que sea el desahogo del dolor la pluma. (vv. 1–8)

En este marco poético, el *Diario* estaría alineándose dentro del registro de interpretación de las comunidades emocionales y comunidades textuales femeninas (Barbara Rosenwein[26], Susan Broomhall[27]) y de la *amicitia* femenina (Gil-Osle[28]), aspectos que sin duda reforzarían que en este contexto de la relación entre la Virreina como mecenas y destinataria de la composición poética, se tratara el tema de la maternidad. Desde esta perspectiva, el *Diario* podría plantearse como homenaje y acompañamiento en el duelo. Esta línea vendría también reforzada por el doble juego de metáforas que se establecía en el Romance paratexto, en cuyos versos el *Diario* se presentaba como parto e hijo del entendimiento de su autor, que lo ofrecía a la Virreina en memoria del hijo fallecido.

Beatriz Colombi ha estudiado a fondo el pacto del mecenazgo femenino. Sobre la maternidad como sedimento del poder virreinal "ya que completa la familia en la que se deposita la administración colonial", al tratar las composiciones que Sor Juana dedica a María Luisa de Manrique, comenta:

> El tema de la maternidad reviste un interés personal y político, excede el ámbito privado, para adquirir dimensión de estado, y así lo encara Sor Juana en su poesía[29].

Según estos moldes literarios en los que se alinea la composición del *Diario*, su contexto de escritura performa una comunicación femenina epistolar en la que está latente el duelo por el hijo fallecido prematuramente tras la enfermedad. La tradición de la carta como una forma de expresión literaria femenina es un motivo de larga y extensa tradición, cuya versatilidad explora, por ejemplo, Camila Henríquez Ureña, que, entre otros aspectos, señala la carta como "un monólogo que aspira a ser diálogo". Dentro de esta forma literaria, la carta puede presentarse bajo distintas formas de elocución "pero su carácter propio reside en el tono de comunicación individual que nos presenta directamente la personalidad del que escribe, como si estuviera hablando a solas y sin temor a ser interrumpido, consciente, empero, de que,

---

26 *Emotional Communities in the Early Middle Ages*, Cornell University Press, 2006.

27 *Spaces for Feeling*, Routledge, 2015.

28 Juan Pablo Gil Osle, "La tradición de la amistad femenina en La traición en la amistad de María de Zayas", *Bulletin of Hispanic studies*, 93.4 (2016), pp. 361–384.

29 "Sor Juana Inés de la Cruz figuraciones del mecenazgo y la autoría", *iMex*, 15.3 (2018), pp. 30–45 (37).

a la distancia, alguien escucha"[30]. Se trata también de un marco compositivo que concuerda con la presencia social y simbólica de las virreinas en la corte novohispana, visiblemente ocultas y recluidas en espacios ostensibles.

Las virreinas en la Nueva España, *ostentación encapsulada*

Las virreinas no desempeñaron tareas de gobierno, aunque fueron agentes importantes dentro del ritual político como coadyuvantes y depositarias de la pervivencia del linaje nobiliario. En la llegada a las ciudades en las que el virrey hace entrada pública a caballo, como ocurre en Veracruz, Tlaxcala, la Puebla de los Ángeles, Otumba, Chapultepec y México, el protocolo impone que la virreina se adelante para conceder todo el protagonismo al virrey y espere, junto al resto de las mujeres de la nobleza local, la entrada pública de su esposo. Esta distinción correlativa que impone la etiqueta es relevante puesto que asigna un espacio de agencia femenina en el imaginario festivo, donde quedan precisados su tiempo, sitio y ejes de actuación.

La descripción de la entrada en la ciudad de México que hace Diego García Panes en el *Diario particular* para la llegada del virrey Marqués de las Amarillas en 1755 ofrece un buen ejemplo de las sugerencias para esta etiqueta femenina:

> A dichos festejos seguían dos o tres semanas de fiestas de toros en la Plaza del Volador, donde se hacen las fiestas reales y corresponde el otro frente de Palacio, con comodidad de poder ir el virrey a verlos desde su mismo cuarto, con la Real Audiencia, y *a continuación la virreina acompañada únicamente de las mujeres de los oidores, que es de etiqueta* […]

> Fijado el día de este festejo, que es por la tarde, se ve colgada primorosamente toda la carrera desde la parroquia de Santa Catalina hasta la Catedral, puesta una portada que costea la Ciudad a la entrada de la calle de Santo Domingo. Y como las calles de México son todas a la moderna, rectas y muy anchas, hace la más hermosa vista. *Si hay virreina, va a ver la función acompañada de las señoras principales de México* a la Casa del estado del marqués del Valle o Palacio de Hernán Cortés, que ahora pertenece al duque de Monteleón; y el gobernador del Estado tiene dispuesto un magnífico refresco e iluminación.

---

[30] *La carta como una forma de expresión literaria femenina*, UNAM, 2021, p. 18.

[…] Allí monta a caballo el virrey, presidiendo los regidores, como función de la ciudad, y el corregidor con el regidor decano, puestos al lado de Su Excelencia, llevan con unas cintas las riendas del caballo. Con este orden y al estruendo de la artillería, de fuegos artificiales y de repique de campanas, empieza el virrey su entrada pública, que llegando a donde está el arco triunfal, hace ademán de recibir las llaves, y abiertas las figuradas puertas, sigue con el mismo orden y comitiva, hasta apearse en el atrio de la catedral por la parte que hace frente a las casas del estado: *saluda al paso a la virreina y a todas las señoras que están en los balcones de la carrera.*

En el pórtico de la Catedral ponen otro elevado arco triunfal, y apeándose Su Excelencia con la comitiva lo recibe el Ilustrísimo arzobispo vestido de pontifical […] *Y después viene la virreina con las damas, habiendo recibido igual obsequio del gobernador del estado*[31].

La entrada pública del virrey escenifica el momento preciso de la llegada y toma de posesión en el cargo. Muestra de su función política preeminente es que al virrey se le otorga el privilegio de poder hacer entrada bajo palio, pero también debe ponerse en valor que contempla una secuencia paralela, protagonizada por la virreina y las élites femeninas locales. La performance festiva de esta presencia femenina se plantea con *igual obsequio*, aunque el foco de atención principal sigue residiendo en los gestos de poder político.

Se instaura un espacio de agencia femenina paralelo y destacado, *encapsulado*. De ahí la importancia del balcón[32] como palco y lugar visible y alto, es decir distinguido, pero también cerrado e inmóvil. El balcón, como lugar paralelo, permite pensar en un espacio de acción femenina, acotado, manifiesto pero reservado, donde se tejen redes de relación entre las élites femeninas. Los espacios en los que se mueven estas mujeres se comportan de la misma manera en que debían gobernar y mostrar sus cuerpos en sociedad: los balcones, biombos y celosías que encuadran su presencia pública marcan los mismos confines que enclaustraban sus cuerpos en corsés, corpiños y chapines.

---

[31] Diego García Panes, *Diario particular del camino que sigue un Virrey de México: desde su llegada a Veracruz hasta su entrada pública en la capital*, Madrid, Ministerio de Obras Públicas, Transporte y Medio Ambiente, Centro de Publicaciones, 1994, pp. 109–113.

[32] Véase Rafael Cómez Ramos, "El balcón de la virreina. Hermenéutica e historia de la arquitectura", *Cuadernos de arquitectura virreinal*, 1 (1985), pp. 17–24.

Figura 3 Detalle con el balcón de la virreina del *Biombo del Palacio de los Virreyes de México*. Museo de América, Madrid

Como consorte, el protagonismo simbólico de la virreina en el exclusivo momento de las entradas a caballo del virrey en cada ciudad queda *encapsulado* en este segundo plano paralelo del balcón, ya que los privilegios que ostenta el virrey en la toma de posesión proceden directamente de la corona. La presencia simbólica de la virreina en el programa iconográfico de estas entradas apunta en la misma dirección: la virreina se elogia en paralelo a la figura del virrey. Como premisa general, la virreina se alaba siempre dentro del matrimonio, en correlatos metafóricos y sin destacar por prerrogativas propias más allá de su belleza, virtudes y excelencia nobiliaria.

Una vez instalados en la corte novohispana, el papel desempeñado por la virreina seguirá unas directrices similares de *ostentación encapsulada*, puesto que tampoco existe una reflexión teórica acerca de sus funciones ideales. A pesar de ello, puede establecerse que existe una constante preocupación protocolaria por enmarcar la presencia social de la virreina en una especie de segundo espacio, anclado en un marco de discreta visibilidad, un entorno de mujeres y siempre a la sombra de su esposo.

En este sentido, la arquitectura de los edificios oficiales adquiere el valor de referencia para esta metáfora del ocultamiento femenino. Por ejemplo, en el marco civil destaca el *balcón de la virreina* del real Palacio de México: una "celosía de madera dorada y ensamblada detrás de cuyos cristales la esposa del gobernante y sus damas podían contemplar la plaza Mayor sin ser vistas"[33]. Un espacio paralelo en el marco religioso es la jaula[34], una tribuna cerrada que, en la catedral, detrás del estrado y al lado de la banca para los criados mayores del virrey, se colocaba para que la virreina pudiera seguir los servicios religiosos, oculta de las miradas del pueblo. Otro ejemplo en la arquitectura civil es la cazuela de los corrales de comedias, el espacio reservado exclusivamente para que las mujeres pudieran seguir las funciones de teatro.

---

[33] Iván Escamilla González, "La corte de los virreyes" en Antonio Rubial García (coord.), *La ciudad barroca*, México, El Colegio de México-FCE, 2005, p. 390. Véase la Figura 3.

[34] Antonio Rubial hace referencia a un pleito con la jaula en la catedral, que en una sesión del cabildo y a instancias de los virreyes de las Amarillas, se reclamó que volviera a ponerse en su lugar "fija y con celosías", con el fin de corregir los abusos que se habían dado con la anterior virreina (Antonio Rubial, "Las virreinas novohispanas. Presencias y ausencias", *Estudios de historia novohispana*, 50, (2014), p. 29).
Sobre los sucesivos altercados y disputas que se generaron a propósito de este palco cerrado con celosías donde se colocaban las virreinas y el resto de las mujeres principales de la corte cuando asistían a la catedral, véase Francisco Montes, "La "jaula" de las virreinas. Polémica en torno a un asiento indecoroso en la catedral de México" en Carme López Calderón, María de los Ángeles Fernández Valle, Inmaculada Rodríguez Moya (eds.), *Barroco iberoamericano: identidades culturales de un imperio*, Santiago de Compostela, Andavira, 2013, vol. 1, pp. 231–247.

A la vista de todo ello, podría decirse que social y, por lo tanto, simbólicamente, la virreina ejerce su posición pública desde una especie de ocultamiento visible. Ello resulta de nuevo patente al constatar una de las pocas actividades que oficialmente la virreina podía llevar a cabo de manera individualizada: las visitas a los conventos de clausura "como participantes de lo que pertenece a sus maridos por la representación que hacen de la persona de Su Majestad"[35]. Estas entradas en la clausura se convirtieron en el pretexto para organizar distintos saraos en homenaje a los virreyes y, en especial, a las virreinas[36]. Desde luego, la clausura de los conventos se sitúa en el mismo horizonte de expectativas de este visible y patente ocultamiento de balcones, jaulas y cazuelas, en los que la virreina puede desenvolverse en un marco de agencia femenina por tratarse de espacios delimitados y encapsulados en un ámbito de influencia, aparentemente subalterno, y que necesariamente debe visibilizarse.

Comunidades afectivas, redes femeninas y agentes culturales

Las virreinas, a diferencia de las reinas, no tenían obligación dentro del matrimonio de proveer un heredero para preservar el cargo. El puesto de virrey era por designación directa del rey, que normalmente lo renovaba cada tres años. Los virreyes eran los representantes directos del rey en América, por lo que la noticia de la llegada de un nuevo miembro a la familia virreinal, aunque no fuera recibido como un sucesor, también era un acontecimiento festivo público, que se proyectaba como una vía de elogio a la genealogía nobiliaria que representaban los virreyes.

La maternidad favorecía así también una forma de encomio particular para estas élites femeninas, que de este modo contribuían a la permanencia del apellido y el linaje nobiliario. Desde una dimensión pública, los nacimientos en la familia virreinal se convertían en circunstancias festivas. Así, por ejemplo, anuncia el *Diario* de Antonio de Robles que el hijo de los

---

[35] Iván Escamilla, 2005, p. 391.

[36] Véase Judith Farré Vidal, *Festín plausible con que el convento de Santa Clara celebró en su felice entrada a la Ex.ma D. María Luisa, condesa de Paredes, marquesa de La Laguna y Virreina de esta Nueva España*, México, El Colegio de México, 2009.

marqueses de La Laguna se bautizó el 15 de julio de 1683 en la pila de san Felipe de Jesús, donde le llevó en silla de manos el aya y que por la noche "se quemaron delante de palacio doce invenciones de fuego, hubo mucho concurso. Cenaron esta noche en palacio los tribunales de la audiencia"[37]. A semejanza de lo que ocurría con el poder real, toda circunstancia relativa a la privacidad doméstica de los virreyes devenía asunto conmemorativo por parte de la ciudadanía.

La maternidad como forma de elogio femenino entronca con la tradición simbólica de la metáfora lunar, que asocia a la mujer con la luna, la primavera y la aurora por su fertilidad y capacidad de fecundidad frente al poder masculino, que se identifica con los valores diurnos del sol. La equiparación entre reina y luna completa así la metáfora solar del rey, pues la luna se nutre de la luz solar durante la noche. Se trata, además, de los dos astros de mayor tamaño, quienes pueden ejercer una especie de matrimonio que preside, de día y de noche, todo el paisaje celeste. Aunque esta dualidad no se establece en términos de igualdad, frente a la preponderancia simbólica del sol quedan claros los valores que se elogian en las reinas lunares[38] como baluartes para garantizar la estabilidad política, por su fecundidad al asegurar la sucesión dinástica y por poder desempeñarse como regentes en la ausencia nocturna del rey sol.

Otra de las metáforas celestes y relacionadas con la luz que puede asociarse a estas mujeres poderosas es la de la Aurora que, como personaje alegórico e inicio del día, remite simbólicamente a los valores de fertilidad que forman parte de la retórica áulica para su encomio. Al carácter cíclico de cada amanecer, entendido como alegoría de continuidad dinástica, cabe añadir toda la tradición clásica del amanecer mitológico, lo que permite, además, un elogio a la belleza de reinas y virreinas. Según la *Iconología* de Ripa, la Aurora aparece caracterizada como

---

[37] Antonio de Robles, *Diario de sucesos notables (1665–1703)*, México, Porrúa, 1946 vol. 2, p. 50.

[38] Ver Judith Farré Vidal, "Sobre loas y festines o el elogio a las virreinas en la Nueva España durante la época de Carlos II" en Judith Farré Vidal (ed.), *Teatro y poder en la época de Carlos II: Fiestas en torno a reyes y virreyes*, Iberoamericana / Vervuert, Madrid / Frankfurt, 2007, pp. 117–132 y Víctor Mínguez, "La metáfora lunar: la imagen de la reina en la emblemática española", *Millars: Espai i Història*, (1993) XVI, pp. 29–46.

Jovencita alada, para indicar la rapidez de su movimiento, pues muy pronto desaparece. Es de encarnada tez y viene revestida de amarillo manto, llevando en el brazo izquierdo un cestillo repleto de variadas flores, mientras con la misma mano sostiene una candela encendida. Va esparciendo flores con la diestra[39].

Esta alegoría real, que parte de la fecundidad de las reinas lunares para proveer herederos y toma la fertilidad de la naturaleza como correlato objetivo del elogio, se establece en términos similares para la pareja virreinal. Pese a que no dependen de un heredero para la sucesión en el cargo, sí debe considerarse como variable panegírica la permanencia y continuidad del linaje nobiliario. De ahí que sean habituales las mismas metáforas vinculadas a la *laudatio* femenina en el campo semántico de luna y aurora. Otra de las constantes en la retórica panegírica derivada de la dimensión maternal de estas mujeres fuertes es su elogio como parte integrante del matrimonio, más que como personalidades individualizadas *per se*. Del mismo modo que en la esfera pública el poder se concebía de manera organicista como cuerpo, puede pensarse en el matrimonio virreinal también como cuerpo en plenitud[40]. Un claro ejemplo de esta tópica se exhibe en los programas iconográficos para las entradas y toma de posesión en el cargo de virrey. En estos casos, la presencia simbólica de la virreina en el programa iconográfico de estas entradas apunta en la misma dirección: la figura de la virreina se elogia siempre en paralelo a la del virrey. Como premisa general cabe señalar que, si el virrey se asocia por sus virtudes militares y nobiliarias a Marte, la virreina se elogia por su belleza y se equipara a Venus. Puede decirse que la virreina se alaba siempre dentro del matrimonio, en correlatos metafóricos y sin destacar por virtudes propias más allá de su belleza, virtud o capacidad para perpetuar el linaje.

Un claro ejemplo de este tipo de estrategia panegírica y de cómo se integra la figura de la virreina en el elogio al nuevo virrey en el momento de su entrada pública en el cargo puede verse, por ejemplo, en el programa para la

---

[39] Cesare Ripa, *Iconología*, Madrid, Akal, 1996, vol. I, p. 120.

[40] Alejandro Cañeque, "De sillas y almohadones o de la naturaleza ritual del poder en la nueva España de los siglos XVI y XVII", *Revista de Indias*, LXIV.232 (2004), p. 632.

entrada del conde de Galve en México (1688)[41]. Fue ideado por el Br. Francisco de Acevedo[42], también relator del festejo, a partir de una alegoría que identificaba al virrey como Paris[43]. El arco, levantado por el Ayuntamiento para el recibimiento de Gaspar de la Cerda, Sandoval, Silva y Mendoza y doña Elvira de Toledo, tenía treinta varas en alto y dieciséis de ancho y constaba de tres órdenes: jónico, corintio y compuesto de columnas estriadas a los dos tercios. Estaba formado por tres cuerpos que, en palabras de Acevedo, daba "a la fábrica tantas almas, cuantas imágenes representaba la idea en ocho lienzos en que se pintaron iguales los emblemas para hacer rostros al arco, Jano de luces y sombras" (C4v).

La descripción se inicia en el impreso con la mención al lienzo central que coronaba la portada y que representaba al conde de Galve y a su esposa, doña Elvira de Toledo, y "porque soles comunicaran a toda la circunferencia sus brillos, se puso la dedicatoria" (C4v) en veintidós versos latinos. Además de este cuadro central que preside el arco, en el que el elogio conjunto al matrimonio permite que la imagen masculina de poder del sol se combine con

---

[41] SYLVA / EXPLICATIVA / DEL ARCO, / con que celebrò la entrada de el Ex / celentissimo Señor / D. GASPAR DE SANDOVAL, CER- / DA, SYLVA, Y MENDOZA, Conde de / Galve, Gentil-hombre de la Camara de su Majestad / con ejercicio, Comendador de las encomiendas de / Salamea, y Ceclavin en la orden, y Caballería de Al- / cantara, Alcalde perpetuo de los Reales Alcazares, / Puertas, y Puentes de la Ciudad de Toledo, y del Cas- / tillo, y Torres de la de Leon, y cuyas son las Uillas de / Tortola, y Sazedon, del Consejo de su Majestad, su / Uirrey, Lugar-teniente, Governador, Capitan Ge- / neral, y Presidente de la Real Audiencia, y / Chancillería de la Nueva-España. / Recibiendolo por su Principe, la muy / noble, y leal Ciudad de Mexico. / ALEGORIZADA EN PARIS / Por el Br. Francisco de Azevedo. Año de 1688. / En Mexico, Por la Viuda de Francisco Rodríguez Lupercio. 1689.

[42] Para un análisis completo, Judith Farré Vidal, *"Sombras ofrecen las selvas para el descanso y soledades para el pensamiento: la entrada del virrey Conde de Galve en México, alegorizada"* en París (1688), *Revista de humanidades: Tecnológico de Monterrey*, 16, (2004), pp. 15–48.

[43] La presencia de Paris en este tipo de alegorizaciones se limita, además del arco en cuestión, a una capilla en Tezcatepec en el estado de Hidalgo (1593?); a uno de los tableros laterales del arco erigido en Puebla para conmemorar la entrada del Marqués de La Laguna en Puebla (1681) y a una de las dos loas escritas para celebrar a Felipe Ureña, arquitecto de la sacristía del convento de San Francisco de Toluca (1729), Francisco de la Maza, *La mitología clásica en el arte colonial de México*, México, UNAM, 1968, pp. 48–50, 121–126 y 173–174.

la belleza femenina de luz que se dedica a la virreina. Otro de los segmentos en los que la virreina adquiere protagonismo es en la descripción del cuarto emblema, que pinta a Paris

> oyendo la alegacía escrita en una manzana tan de oro que incitaba el apetito, aunque no sazonaba el gusto, las tres diosas en el monte Ida, que era entonces el tribunal, y atendiendo a que Juno le prometía riqueza, Palas victorias y Venus hermosura, oyendo que era decreto del cielo que a la que más belleza se le diera, apuntando Venus al tablero de en medio en que estaba la Excelentísima Señora doña Elvira de Toledo retratada [...] Sentenció a favor de la hermosura [...] Ni riquezas ni triunfos movieron a Paris, sino toda la verdad en la hermosura (D3r-D3v)

El emblema retoma el principal episodio asociado a la historia mitológica de Paris, el Juicio, y se centra en la resolución a favor de Venus, la verdad en la hermosura. En este punto el elogio cumple con una de las premisas básicas, puesto que alude a la belleza de la virreina mediante la dilogía que sugiere la preeminencia de Venus —que icónicamente señala el retrato de doña Elvira de Toledo—, y, además, desarrolla el motivo del elogio conjunto al matrimonio. La adhesión de la virreina al panegírico es uno de los tópicos en la estrategia encomiástica puesto que, además de cumplir con la retórica propia de enaltecimiento al virrey, se inscribe en el protocolo de este tipo de celebraciones que señala deícticamente la presencia destacada del matrimonio, como destinatario simbólico del festejo y espectador del mismo[44].

El ejemplo de la entrada de los condes de Galve, con el emblema central que reproduce la historia mitológica del juicio de Paris, sirve también para ejemplificar una de las estrategias fundamentales que se dan en el teatro cortesano y conventual que se escenifica en las visitas de los virreyes a conventos novohispanos y en representaciones particulares: se trata de un teatro con ausencia de conflicto dramático definido en términos de acción. El asunto dramático escenifica un debate entre personajes alegóricos y mitológicos que pugnan por el patrocinio festivo y por celebrar la belleza de la virreina como

---

[44] Un ejemplo visual de este tipo de deixis que señala directamente al matrimonio virreinal como protagonista del festejo y destinatario del elogio, en correspondencia con la metáfora mitológica, puede observarse en la Figura 4 de esta Introducción, que reproduce el lienzo central del arco levantado por la catedral de Puebla a la entrada de los marqueses de las Amarillas en la ciudad y acompañados de Juno, Venus y Palas.

destinataria de la celebración[45]. El lema *Identitas unio* preside el siguiente emblema en el que se alude a la unión dinástica que significa el matrimonio del conde de Galve con doña María Elvira de Toledo. La pintura presenta a la Envidia postrada a los pies del matrimonio y al Amor uniendo sus manos con "flores en [las] que se formaba una silva listada de matices" (F1r). El epigrama es así una *amplificatio* del elogio a la virreina mediante la concepción lumínica de la belleza que permite la metáfora del oro:

> […] la hermosura con que os ha abrazado
> el Toledo mejor, que a vos ceñido
> es de oro por lo fino acreditado,
> cuyo valor en todo esclarecido […] (F1r)

Acevedo, tras aludir a la partida del virrey en el primer emblema, pasa a referirse al viaje transatlántico en el tercer emblema. En este caso, el emblema *Pulchritudo in iram*, presenta a la virreina como Venus, quien con su belleza pudo "refrenar los huracanes de la envidia contra Juno" (F1v), puesto que al igual que su referente mitológico protegió a Paris en sus aventuras. La espinela del epigrama es una *amplificatio* del motivo mitológico de la protección de Venus hacia Paris:

> Contra Paris mueve el viento
> Juno siempre borrascosa,
> ciega estaba de envidiosa
> pues fió del aire su aliento.
> Venus del vago elemento
> la tempestad salobrura
> sosegó, con que asegura
> que se queda cuanto lidia
> la tormenta de la envidia
> al aire de la hermosura (F1v)

La entrada del conde de Galve diseñada por Acevedo permite ver cómo la estrategia panegírica del elogio femenino se integra como correlato a la historia mitológica en el programa general que elogia al virrey. Y, aunque

---

[45] Es el mismo esquema compositivo que siguen las loas palaciegas a partir de mediados del XVII y que hemos estudiado en distintos autores cortesanos, como Calderón de la Barca, Antonio de Solís o Sor Juana Inés de la Cruz.

no es decisivo para permanecer en el cargo de gobierno, la perpetuación del linaje es también asunto para el encomio a la virreina. Por ello, la maternidad y la fecundidad son motivos importantes en el elogio a la familia virreinal.

Junto a la maternidad, la crianza también queda vinculada al espacio doméstico y a la intimidad femenina, además de convertirse en otro asunto laudatorio habitual en la retórica encomiástica dedicada a la virreina. Por ejemplo, sor Juana escribió una *Loa para festejar el primer año de José*, el primogénito de los marqueses de La Laguna. Con una paranomasia entre las antítesis de afectos y efectos, la monja jerónima elabora los versos que dan el tono general para la consideración de José de la Cerda. Así, en los últimos versos de la Loa, el Amor resume la sentencia final para el elogio al primer año de vida del hijo de los virreyes:

> Es tan singular su efecto,
> que en todas las almas hace
> que sus luces vivifiquen,
> aunque los ardores maten,
> pues puede su hermosura
> que sus rayos celestiales
> en vez de abrasar, alumbren[46].

La maternidad y la crianza, además de ser circunstancias para el panegírico público, forman parte importante de la rutina cotidiana y la intimidad de los círculos femeninos que rodean a la virreina. Beatriz Colombi y Hortensia Calvo, al editar las cartas de Lysi, hablan de cómo se teje alrededor de la virreina un "universo afectivo de madre, esposa e hija devota"[47]. De la correspondencia editada, las dos investigadoras también destacan que la soledad se aprecia como *leitmotiv* y motivo recurrente. La nostalgia por la familia y la tierra de origen se mitigan en la intimidad con la maternidad, que se convierte en paliativo, pasatiempo y tema de conversación entre las comunidades femeninas que definen los afectos entre las élites. Así puede leerse también, por ejemplo, en los versos que dedica sor Juana a la marquesa de

---

[46] Sor Juana Inés de la Cruz, *Obras completas, III: Autos y loas*, ed. Alfonso Méndez Plancarte, México, Fondo Cultura Económica, 2001, vol. III, p. 460.

[47] Beatriz Colombi y Hortensia Calvo, *Cartas de Lysi: la mecenas de sor Juana Inés de la Cruz en correspondencia inédita*, Iberoamericana / Vervuert, Madrid / Frankfurt, 2015, p. 46.

La Laguna y que muestran cómo el embarazo es materia de conversación y afecto entre ambas. Este es el asunto del Romance 25 que sor Juana dedica a José al cumplir el primer año de edad, donde trata de que antes de ser hijo de la virreina, lo fue de su propio pensamiento:

> Que sepáis que os quise tanto
> antes de ser, que primero
> que de vuestra bella madre,
> nacisteis de mi concepto[48].

El mismo asunto se trata en una de las cartas de la marquesa de La Laguna a su padre, Vespasiano Gonzaga y Urbino:

> Y de poner a ellos [a sus pies] a Chepito, que está muy lindo, gloria a Dios, y haciendo mil gracias que me hace harta ternura que Usted no vea. Es preciosísimo y parece que quiere ser solo en lo que nos sucede, pues hará dos años para septiembre que no tengo sospecha. Dios me le guarde, que como eso sea todo se puede dar por bien empleado. Cumplió ya sus cuatro años a cinco de este y ese día estuvo tan gracioso, que nos festejó el día haciendo mil monerías delante de los señores sucesores y de las señoras de aquí que vinieron a celebrarle, que como es criollo le quieren mucho[49].

En este mismo horizonte de expectativas, el recibimiento a los condes de Galve es un ejemplo sobre cómo la maternidad y la crianza pueden convertirse en asuntos de celebración pública, en tanto consolidan y acrecientan el linaje asociado a la familia virreinal, del mismo modo que la correspondencia de la marquesa de La Laguna o los versos de sor Juana, son testimonio del papel de la maternidad y la crianza en la intimidad del entorno cortesano y la rutina cotidiana de la virreina.

Bajo este prisma, y volviendo al proceso creativo ideado por Rivadeneira en el *Diario*, resulta verosímil que el recuerdo al hijo fallecido se recree no solo como homenaje al idear la publicación, sino que también sea asunto y artificio poético al plantearse como supuesto tema de conversación epistolar entre la Virreina y una amiga cercana en la corte de Madrid. El planteamiento desplegado en el *Diario* seguiría así el de otros testimonios, como cartas, poemas y loas, en los que la maternidad ayuda a tejer relaciones de amistad,

---

48 Beatriz Colombi y Hortensia Calvo, 2015, p. 81.
49 Beatriz Colombi y Hortensia Calvo, 2015, pp. 181–182.

cotidianidad y complicidad en las comunidades afectivas femeninas que surgen en el entorno de la virreina.

Figura 4 Los marqueses de las Amarillas en el lienzo atribuido a José Joaquín Magón que representa el arco para la entrada del virrey de las Amarillas en Puebla (1755)[50]

La marquesa de las Amarillas, mujer fuerte

En 1755 llegaba a México como virrey Agustín de Ahumada y Villalón, II marqués de las Amarillas, junto a su esposa y también sobrina Luisa María del Rosario Ahumada y Vera. Tras varios ascensos en premio a sus logros militares en Italia, Ahumada alcanzó el rango de teniente coronel de las

---

[50] La imagen forma parte del lienzo atribuido a José Joaquín Magón y que reproduce el arco ideado por la catedral de Puebla a la llegada de los marqueses de las Amarillas. El lienzo está depositado en el Fondo Guillermo Tovar de Teresa de la Col. Museo Soumaya-Fundación Carlos Slim de la Ciudad de México y una reproducción con resolución alta, junto con la transcripción de los poemas y emblemas, puede localizarse en el DATASET: Judith Farré Vidal, *"Datos para la investigación de la iconografía del arco para la entrada del virrey de las Amarillas en Puebla (1755), a partir del lienzo atribuido a atribuido a José Joaquín Magón"* [DATASET]; DIGITAL.CSIC; https://doi.org/10.20350/digitalCSIC/14504

Guardias Reales españolas y el 24 de marzo de 1755, cuando fue nombrado virrey de Nueva España, ostentaba el cargo de alcalde en Barcelona[51].

El título del marquesado de las Amarillas era todavía por esas fechas de muy reciente creación[52]. Fue instaurado por Felipe V el 19 de mayo de 1747 a favor de Francisco Pablo de Ahumada y Villalón, casado con Catalina de Vera y Leyva. Ambos fueron padres de una única hija, Luisa María del Rosario, la marquesa de las Amarillas que heredaría el título ocho años después al casarse con su tío, y sería virreina novohispana entre 1755 y 1760. Era claramente un título nobiliario que la Virreina aportaba al matrimonio[53], quien sin duda lo ostentaría con la conciencia de haberlo recibido en herencia como hija única. Este protagonismo nobiliario de la II marquesa de las Amarillas puede leerse a través de algunas noticias que la señalan como una mujer fuerte e independiente. Así, en la entrada que aparece en el *Diario* de Castro Santa Anna del 9 de octubre de 1756, en la que se describe una insólita salida a caballo de María del Rosario montada como un hombre, aunque no se le veía el pie en el estribo. La acompañaban personas de distinción, su caballerizo, cuatro soldados, su estufa y el coche de cámara con los caballeros pajes[54].

Manuel Romero de Terreros, en *La vida social de la Nueva España*, también apunta que esta salida a caballo de la Virreina "llamó la atención del público respecto a no ser practicable entre las señoras de estos reinos"[55]. El protagonismo social de la Virreina también lo pone de manifiesto Terreros en otra publicación, cuando señala que tras la solemne toma de posesión en el cargo, la nobleza local se trasladó a presentar sus respetos a los nuevos virreyes y hubo "un exquisito festejo de los más diestros músicos de esta ciudad, al que asistieron la señora virreina y muchas señoras de distinción, terminándose a más de las diez de la noche". Al día siguiente hubo banquete obsequio de

---

[51] Juan Chiva Beltrán, *El Triunfo del Virrey: glorias novohispanas. Origen, apogeo y ocaso de la entrada virreinal*, Castelló, Universidad Jaume I, 2012 p. 191.

[52] https://historia-hispanica.rah.es/biografias/1645-agustin-de-ahumada-y-villalon

[53] Ver también María Magdalena Guerrero Cano, "El rondeño Agustín de Ahumada y Villalón (marqués de Las Amarillas), virrey de Nueva España", en *Actas del III Congreso Internacional de Historia de la Serranía de Ronda*, Anejos de Takurunna, 3 (2022), pp. 169–189.

[54] Antonio Rubial, 2014, p. 33.

[55] Manuel Romero de Terreros, *La vida social de la Nueva España*, México, Porrúa, 1944, p. 56.

la ciudad y por la noche representación que dieron "los farsantes del coliseo en el pulido que en dicho real palacio hay, con todo género de perspectivas y tramoyas" de la comedia de *El desdén con el desdén*, de Agustín Moreto[56]. Otro indicio de la preponderancia de la marquesa de las Amarillas hace referencia a un pleito con la jaula en la catedral[57].

La preeminencia que por herencia y linaje nobiliario ejercería la joven virreina dentro del matrimonio —tampoco puede olvidarse que estaba casada con su tío— se insinúa también en otras noticias, como, por ejemplo, la que se recoge en el juicio de residencia del ya entonces difunto virrey de las Amarillas —había muerto en Cuernavaca por hemiplejía en 1760— y que la virreina viuda tuvo que encargar a algunos oidores[58]. Allí el Tribunal de Cuentas de México le hacía un cargo de 18.147 pesos a favor de la Hacienda "como consecuencia de las muchas obras que hizo en el palacio, algunas de las cuales, un jardín, se consideraron no precisas"[59]. Los marqueses de las Amarillas quedaron finalmente absueltos de este cargo y el fiscal del Consejo concluyó el expediente alabando su gran actividad en el gobierno y los méritos globales en servicio de la Corona. El caso quedó cerrado, pero el detalle de los gastos aparentemente superfluos en las obras del palacio virreinal, junto a la construcción de un jardín, son testimonio de la ostentación y el brillo con los que se habría rodeado la vida cortesana durante su ejercicio en el cargo. Aunque sin precisar las fuentes, Romero de Terreros firmaba otra noticia en la *Revista de historia y de genealogía española*, donde recogía el dato de una salida en procesión de la imagen de la Virgen de los Remedios en mayo de 1758:

> SS.EE vieron esta ostentosa procesión en la casa del señor Mariscal de Castilla, quien los convidó, y su esposa a muchas señoras principales, para que la acompañaran a cortejar a la Excma. Sra. Virreina; hallábase esta hermosa casa vistosamente aderezada y concluida la función se les suministró a SS.EE un especial y exquisito refresco de todo género de dulces, masas, quesos y bebidas heladas, sirviendo el refresco a SS.EE y las señoras los caballeros parientes de dicha casa, siguiendo después un festejo de los principales músicos y todo género de instrumentos,

---

[56] Manuel Romero de Terreros, "Don Agustín de Ahumada y Villalón", *Revista de historia y de genealogía española*, Año II, núm. 5 (15 de mayo de 1913), p. 156.

[57] Véase la nota 8.

[58] La virreina regresó viuda a Sevilla, donde murió el 10 de diciembre de 1791. Se había vuelto a casar en segundas nupcias con Francisco de Giles, maestrante de Ronda (Romero de Terreros, 1944, p. 160)

[59] Mark A. Burkholder, "Antonio Joaquín de Rivadeneira y Barrientos" (*op. cit.*).

que duró hasta las once de la noche…; y al día siguiente remitió a la Excma. Sra. Virreina la señora Mariscala una hermosa fuente de plata llena de exquisitos dulces, y en medio una hermosa piña de plata de martillo, y en los lados dos jarras de la misma especie con pulidos ramos; otra fuente más pequeña llena de bucaritos de Guadalajara exquisitamente guarnecidos, cuyo obsequio estimó muchísimo dicha excelentísima señora[60].

Además de los indicios que apuntan hacia una vida cortesana suntuosa y los que señalan la preponderancia que ejercía la virreina en el linaje nobiliario dentro del matrimonio, otras noticias también sugieren que Luisa María del Rosario Ahumada y Vera exhibía una predisposición piadosa a raíz del entronque familiar con santa Teresa de Jesús, con la que compartía el apellido Ahumada. Tal y como se describe en los prolegómenos de *El triunfo de la Fe*, sermón conmemorativo de la celebración de la virgen del Pilar en la iglesia del monasterio de religiosas de Nuestra Señora de Valvanera y dedicado a la virreina en 1758, el elogio nobiliario es también un encomio piadoso a "su antiquísima y nobilísima casa por ser una de las más firmes columnas de la santa fe católica y que ha tenido gran parte en sus más gloriosos trofeos"[61]. La vinculación con esta ascendencia familiar se conecta además con el viaje de los seis hermanos de la Santa hasta América, que se quiere hacer corresponder con el viaje que hizo la propia virreina desde Cádiz. La alusión se elabora a partir del juego retórico que relaciona el significado del apellido Ahumada como adjetivo que significa ennegrecido y manchado, con el celo abrasador y tiznado por extender la fe de los hermanos de santa Teresa:

Seis hermanos de una nobilísima familia de Ahumada, seis hermanos de Santa Teresa de Jesús (dije ya con esto una de las mayores glorias o la mayor de V. Excelencia por la especial, amabilísima honra de ser el mismo apellido y casa de esta gloriosa doctora de la Iglesia) son los que vinieron a la conquista de Indias, de los cuales tres murieron en las batallas abrasados de un celo tanto de extender la fe a esta cuarta parte de la Tierra[62].

---

60 Romero de Terreros, 1944, p. 159.

61 Fray Juan Juncosa, *El triumpho de la fe en la antigua, y nueva España: Sermon histori-co-panegyrico, que en la solemníssima fiesta, que en el dia del santíssimo nombre de Maria, consagra todos los años à Nra. Sra. del Pilar de Zaragoza su ilustre Congregacion…*, México, Imprenta de la Biblioteca Mexicana, 1758, s.f.

62 Juncosa, 1758, s.f.

La Virreina ostentaría, sin duda, el parentesco como una señal de su excelencia de espíritu, tal y como se desprende también de otra de las noticias que recoge el *Diario* de Santa Anna. Se trata de la entrada del 15 de octubre de 1757, cuando se señala que cantó con las carmelitas en su coro durante la celebración de santa Teresa de Jesús, ya que era "tierna devota de esta santa, por ser rama de su noble estirpe"[63]. Todos los indicios apuntan hacia una figura femenina fuerte, consciente de las obligaciones de su linaje en el desempeño como virreina, más allá de su papel como consorte.

En este sentido, y según se desprende de la genealogía que imprime esta fortaleza de espíritu en la virreina, uno de los hilos estructurales que, como veremos, recorre los versos del *Diario*, es que la Virreina padece todos los rigores del viaje, que van intensificándose desde lo emocional a lo físico, y quedan justificados en aras del cumplimiento del deber nobiliario.

El yo poético de la Virreina y sus metáforas corporales

Como hemos señalado, uno de los rasgos más originales del *Diario* es la atribución como autora de la Virreina. El artificio poético la presenta como autora con la instancia intermedia y subalterna de su criado, supuestamente encargado de versificar el borrador del diario de viaje escrito en prosa por Luisa María del Rosario Ahumada. Este juego poético que de partida enmascara una doble identidad autorial se ve reforzado a lo largo del *Diario* por otra estrategia simuladora, que consiste en el uso de metáforas corporales para identificar la presencia de la virreina desde múltiples ángulos. La fragmentariedad del cuerpo físico de la virreina es otro mecanismo que refuerza el artificio poético de su autoría, enfatiza su presencia y otorga continuidad a la estructura del relato simbólico a lo largo del viaje.

Las metáforas corporales dan unidad al *Diario*, remiten a la Virreina y muestran distintas aristas de su conciencia en el desempeño del cargo, percibido como deber y privilegio aristocrático, a lo largo de tres pasajes que encuadran el viaje y narran la despedida del lugar de origen, la dureza del trayecto y, en último lugar, la fiesta en el recibimiento. Estos pasajes pueden

---

[63]   A partir de Rubial, 2014, p. 24.

verse, respectivamente, como secuencias de sacrificio emocional, de padecimientos físicos y, finalmente, de ostentación nobiliaria.

La despedida

Una de las primeras secuencias metafóricas puede apreciarse en el relato de la despedida e inicio del viaje hacia América. Es un momento que necesariamente debe revestirse de solemnidad, ya que el dolor por dejar atrás los orígenes es indicativo de la importancia que se le da al cargo y de lo que supone el deber nobiliario. Debe ser una escena de emotividad contenida, dolorosa y serena porque la Virreina asume el viaje como una noble responsabilidad. El artificio sobre el que se edifica este relato poético de la despedida, y por extensión de todo el *Diario*, es una comunicación entre mujeres: la Virreina dirige los versos a una amiga cercana mediante el vocativo de "amiga amada", como si se tratara de una carta. Este contexto poético recrea así un espacio de comunicación afectiva e intimidad entre mujeres, que se plantea como desahogo por el dolor del desarraigo. Desde el principio aparece la metáfora del corazón, que será el símbolo principal a la hora de plasmar la presencia del cuerpo femenino en los versos 1–8, que ya hemos citado anteriormente.

La primera metáfora que registra la conciencia del deber del cargo y el sacrificio y dolor que supone por dejar atrás la tierra e iniciar un nuevo camino se presenta mediante la dialéctica entre el corazón que simboliza el sentimiento y la pluma como metonimia de la escritura. Los ecos del aforismo de Antonio Pérez[64], secretario de Estado de Felipe II: "El corazón piensa, la mano ejecuta, la pluma perpetúa", se reinterpretan en este contexto como un algoritmo conceptual, que describe el flujo entre emoción, acción y escritura.

La voz poética del *Diario* es una primera persona que representa a la Virreina y se dirige a una "amiga amada", y bajo esta convención poética el acto de escritura se presenta como un "desahogo". En este clima de intimidad femenina, donde se recrea el lenguaje propio de confianza, afecto y comunidad, el viaje se plantea como un acto de servicio hacia el Rey y hacia el esposo ("haciendo de mi fe alarde / de que es servir debido / al Rey y a mi marido", vv. 20–22). El sujeto de la Virreina se representa a través de esta voz poética en primera persona y, de manera explícita, por medio de metonimias corporales

---

[64] https://historia-hispanica.rah.es/biografias/35285-antonio-perez

que evocan los sentidos y la experiencia del viaje. El corazón es, como ya se vio, la metáfora inicial sobre la que se despliega la complicidad entre el yo poético de la Virreina y la interlocutora de su "amiga amada". Es también el órgano corporal que enlaza la marcialidad del deber oficial que representa el cargo y el sentimiento propio ante el sacrificio de la marcha:

> No de Vulcano aclamación sonora
> que el aire rasga, el corazón azora.
> Permitir quise que en aqueste día
> harta opresión el corazón tenía
> y en honores marciales igual suerte
> tienen la alegre vida y triste muerte
> si un cañón mismo aplauso y sentimiento
> muestra en el triunfo y da en el monumento. (vv. 49–56)

Otra de las partes del cuerpo recurrentes en el *Diario* son los ojos, que representan la vista y la conciencia. Se trata del sentido que permite evocar la visión del espacio como correlato objetivo del sentimiento de pérdida por la partida. Por ejemplo:

> Volví los ojos a la tierra amada
> y al verla separada
> en natural dolor, en sentimiento
> anegado el lamento
> entre mil sustos que el discurso atropa,
> de esta suerte le hablé desde la popa:
> Adiós, patria querida,
> ingrata cuna de mi triste vida,
> que el ser que liberal me dispensaste
> tan solo por ser más me lo turbaste,
> cuando al nacer y al separarme esquiva
> ¿quieres que viva en ti y en ti no viva? (vv. 57–68)

Los ojos permiten contemplar el espacio de la despedida desde la mirada de la Virreina. Son la parte del cuerpo con la que se externa el dolor ante el viaje y la pérdida por todo lo que se deja atrás, y además favorecen que broten las lágrimas, que actúan como mecanismos intensificadores. El latido del corazón permite bombear este dolor de la despedida hacia los ojos y las lágrimas que brotan de ellos son la metáfora que acentúa el desconsuelo y lo hace visible, pero también simbolizan el agua del océano que separará las dos orillas del viaje:

> la pesantez que el corazón oprime
> vertiendo sobre todos tus retiros
> agua mis ojos, rayos mis suspiros. (vv. 104–106)

La performance de las lágrimas se completa con los suspiros. La materialidad del cuerpo que aparece en estas metáforas de despedida conduce al deseo inmaterial por superar la separación del viaje. Los suspiros que acompañan las lágrimas surgidas del corazón a través de los ojos favorecen este anhelo de superación y consuelo porque su condición etérea condensa el deseo por superar el dolor del viaje. De ahí que la performatividad que suponen las lágrimas y los suspiros evoquen el deseo por aliviar la separación:

> Si soy exhalación o soy meteoro
> para que sepas tu atención imploro,
> cuando aurora boreal
> de ti salga a ser luz septentrional,
> que aunque mi cuerpo ocupe el occidente
> queda mi corazón en el oriente. (vv. 107–112)

Las lágrimas se convierten en arroyo y con esta personificación intensificadora el dolor se funde en el paisaje, recorriéndolo y convirtiéndose en eco. Desde la separación entre cuerpo/corazón surgen el resto de metáforas que completan la alegoría entre occidente/oriente y obligación/devoción. Como resultado, queda el "corazón partido" en ambos lados del Atlántico:

> Y, en fin, si soy arroyo peregrino
> por todo mi camino
> murmuraré de tu rigor tirano
> con la floresta, el bosque, el monte, el llano,
> por si los mismos ecos repetidos
> llevaren mis lamentos a tus oídos.
> Todo lo dejo en ti y en ti, dolientes
> amigos y parientes,
> que en tanto como yo los he querido,
> con ellos dejo el corazón partido.
> Ahí te quedan, acoge entre tus brazos
> la cara multitud de sus pedazos. (vv. 113–124)

El viaje

Tras el desgarro emocional de la despedida, en el transcurso del *Diario* aparecen otras alusiones corporales para evocar la presencia de la Virreina. La secuencia del viaje también se narra desde la épica del sacrificio, aunque esta vez no es

por la esfera familiar que se deja atrás, sino por el esfuerzo que supone y la
fortaleza física con que debe enfrentarse a las incomodidades del trayecto. En
este sentido, las primeras referencias corporales aluden al mareo en el barco:

> [...] fuimos navegando
> al rumbo del deseo
> aunque yo con muchísimo mareo
> siempre de dos bajeles convoyados,
> que el Dragón y el Infante son nombrados. (vv. 132–136)

Una vez superados los vaivenes del trayecto, el momento del desembarco
se narra desde una perspectiva solemne. Los versos vuelven a invocar la
complicidad de la interlocutora amiga y retoman la metáfora del corazón,
que fue fundamental en el momento de inicio del viaje. La épica del viaje se
engrandece con el choque de la quilla del barco con unos riscos, un suceso
que ocurre entrando a San Juan de Ulúa y que en los versos se compara con
el registro mitológico de Escilas y Caribdis:

> Allí, amiga del alma,
> el pecho opreso, el corazón en calma,
> a todo el que me viera
> sin duda alguna vincular pudiera
> la placidez funesta a mis mejillas,
> el título más propio de Amarillas.
> De esta suerte mis sustos respirando
> por Escila y Caribdis caminando,
> desembocar en la bahía pudimos,
> gracias al cielo dimos
> y de Ulúa la gran fuerza saludamos,
> cuyos cañones luego que avistamos,
> su respectiva frente
> lo habían ya executado urbanamente. (vv. 393–406)

El corazón está sereno y en calma, predispuesto después del susto; una entereza
que se trasluce al equiparar el color del rostro con el apellido de las Amarillas.
La heráldica domina la fisiología y la dignidad que envuelve la comitiva del
viaje también se pone de manifiesto con los cañones de saludo. Después de
todas las inclemencias del trayecto, este último incidente intensifica toda la
gravedad que reviste el viaje y los disparos de cañón lo clausuran de forma
solemne.

Superado el viaje por mar, otra forma de acentuar la aspereza del trayecto para llegar a desempeñarse como virreina es el mareo que se da también en tierra firme, con el traslado en litera desde Veracruz hacia la ciudad de México:

> Es este una litera
> de dos mulas tirada a la ligera
> que la una por detrás la otra delante
> llevan a todo paso al caminante
> metido en un cajón cuyo desgaire
> carga toda la máquina en el aire
> en un continuo horrible bamboleo
> que me causó muchísimo mareo. (vv. 493–500)

Es importante que en el *Diario* también aparezcan alusiones corporales que resalten esta vertiente más somática del viaje, aunque brevemente, ya que el dolor por la marcha no es solo por la vida que se deja atrás, sino por la incertidumbre ante un duro viaje: subrayar poéticamente todas las vicisitudes que debe atravesar Luisa María del Rosario Ahumada es también una forma de acrecentar su nobleza y otorgarle el mérito de ejercer de virreina. Un testimonio elocuente que puede explicar lo que representaban para las mujeres de la época este tipo de viajes transatlánticos es una carta de llamada que Antonio Manuel Herrera envió desde México a su esposa, doña Josefa de la Oliva y Ruiz, el 24 de abril de 1758. El ejemplo valiente de la marquesa de las Amarillas es uno de los que presenta el esposo para convencer a su mujer de realizar el viaje:

> Muchas mujeres se han embarcado y han venido con sus maridos y están acá muy contentas y para que veas mi abono verdadero mira cómo la excelentísima señora virreina de México se embarcó, ahora tres años, y llegó al puerto de Veracruz felizmente y está en México muy bien hallada. De otras muchas te dijera, pero a bien que las verás si me dieres el gusto de verte conmigo[65].

El trayecto una vez desembarcados es también un recorrido duro y fatigoso, que además cuenta con el cansancio acumulado en el ultramarino. El *Diario* de García Panes, que relata el viaje de los marqueses de las Amarillas habiendo

---

[65] Isabelo Macías y Francisco Morales Padrón, *Cartas desde América 1700–1800*, Sevilla, Junta de Andalucía, 1991, p. 96.

desembarcado en Veracruz, recoge algunos detalles sobre los mareos, la distribución en literas y el tránsito en carretera:

> disponen despachar por delante no sólo el grueso del equipaje, si[no] también lo más de la familia, quedándose únicamente los precisos sujetos que deben seguir a Su Excelencia, como son el Secretario que traiga de su confianza (que todos lo traen aunque haya del virreinato), el Caballerizo, Mayordomo, un Ayuda de Cámara, un Cocinero, un Repostero y algún otro sirviente de esta clase. Esto es viniendo solo el Virrey, pero si hay Virreina son necesarios en su inmediación lo menos dos pajes de cuatro o seis que debe tener un Virrey de México, las criadas, dos lacayos y algunos otros sirvientes que necesite la Virreina. Pero siempre es muy conveniente que el grueso de la familia se despache por delante, encontrando ésta en todos los tránsitos el obsequio y asistencia correspondiente. [...]

> A Veracruz baja el Caballerizo o persona allegada del Obispo de Puebla de los Ángeles a cumplimentar al nuevo Virrey, llevando una hermosa litera para Su Excelencia [...] Si va Virreina es lo corriente que ocupe en el recorrido la litera del Obispo de la Puebla, y para el Virrey se hace traer otra del pueblo de Jalapa, como las que se necesite para las criadas y allegados de distinción del Virrey [...] Advirtiéndose que la marcha en litera la hace solo el Virrey en la suya, y lo mismo la Virreina, para ir con más comodidad y desahogo[66].

Después del relato sobre la aspereza del viaje, el *Diario* de la virreina se concentra en la fragosidad del terreno y se ocupa del encuentro del cuerpo con el nuevo paisaje. La Virreina se queja abiertamente de las incomodidades que le generan de los insectos:

> Pero allí los mortales
> viven sujetos a pensiones tales
> que si bien se averigua
> con garrapata y nigua
> al que allí se quisiere avecindar
> no faltará en su vida que rascar,
> y a más unos demonios de mosquitos
> sancudos, roedores, jejenitos,
> que antes que por su cuerpo descubrirlos
> su molesto aguijón hace sentirlos. (vv. 539–548)

---

66 García Panes, 1994, pp. 78–80.

Los picores se asumen como cargas y, desde una perspectiva simbólica, pueden leerse como nuevos indicios de la incomodidad del viaje, que la virreina también se adjudica estoicamente.

El recibimiento

Tras el esfuerzo y a pesar de los mareos y los picores, el relato de los primeros recibimientos describe las cortesías asociadas al cargo, señal de que la Virreina es una mujer fuerte, que ha superado la adversidad y es por ello merecedora de los plácemes que recibe en tierra firme. Estas muestras de magnificencia[67] son equiparables, en clave positiva, a la narración de las incomodidades y peligros del viaje. También se entienden como una recompensa y se perciben en clave cortesana, alineándose con el horizonte de expectativas previsto:

> El regalo, el cortejo, los primores
> que de aquestos señores
> todos en su hospedaje recibimos
> mientras en Veracruz nos mantuvimos
> no sabré ponderar, pues en su *porte*
> nada tuvo que estrañase alguna corte. (vv. 469–474)

---

[67] Le agradezco a Beatriz Colombi la noticia del AGN de México, en la que se recogen algunos de los gastos en la entrada de los virreyes en la Ciudad de México y, en concreto, para los dulces, el refresco, la música, la renta de vasos y copas, la platería, la limpieza y adorno de los salones… al recibimiento de la marquesa de las Amarillas en las casas del Estado (https://repositorio.agn.gob.mx/busqueda?idDesc=-d09405f4-67dc-4ad1-aff3-01fb244bac8c). Toda la inversión en la recepción de la virreina se hace por instrucción directa a José de Asso, gobernador del mismo Estado, por parte del Director General que residía en Madrid. Tras una conversación con Iván Escamilla, a quien también agradezco sus generosos comentarios, deducimos que resulta claro que la inversión es por razones políticas, ya que el encargado es un personaje muy secundario, que en realidad tiene un puesto de segundo orden en el "organigrama" de la administración del Marquesado. El Marquesado y sus bienes habían sido secuestrados por la Corona dos veces durante ese siglo por las posturas políticas adoptadas por los duques de Terranova (durante la Guerra de Sucesión, en que se pasaron al bando austracista, y luego en la captura en 1734 de Nápoles para Carlos de Borbón). Además, el gobernador había tenido muchos conflictos jurisdiccionales con la Audiencia de México, por lo que la instrucción de Madrid de armarles una recepción magnífica al virrey y su esposa tenía el fin de conseguir su favor y facilitarle las cosas a la administración del Marquesado. El juez privativo e interventor de los asuntos del Marquesado (que siempre es un oidor de la Real Audiencia) les aprueba las cuentas sin oposición.

Es interesante la alusión al "porte"[68] propio de los recibimientos novohispanos, un concepto del que, en cierto modo, trasciende la performance festiva que envuelve las ceremonias a la comitiva virreinal en cada una de las paradas hasta la Ciudad de México. Además de las finezas cortesanas, otro de los primeros indicios festivos que llaman la atención de la Virreina son los bailes de indios:

> el baile, que a su usanza
> nos tuvieron los indios, una danza
> de tan buen gusto, de donaire tanto
> que, no te cause espanto,
> no le va a deber nada
> a la más celebrada,
> ya la de la antigüedad las convivales,
> militares, sagradas o teatrales
> se traigan a la cuenta
> o las que hoy en día inventa
> en las cortes el arte más limado
> en lo bien ajustado
> de las mudanzas con el instrumento,
> la variedad de lazos, el aliento
> del manejo del cuerpo, el gesto grave,
> completo cuanto en la materia cabe. (vv. 617–632)

El baile de indios propicia que la voz poética de la Virreina interpele de nuevo a la destinataria de sus versos. El pasaje pondera el baile en relación a experiencias de corte ya conocidas, enmarcándolo también en una tradición reconocida. Destaca la correspondencia musical, la variedad de los movimientos, la ejecución y, en definitiva, su debida correspondencia con el decoro cortesano. La presencia de los indios en este tipo de celebraciones está documentada desde 1530, cuando en las Actas de Cabildo de la Ciudad de México consta que debían participar según "lo acostumbrado"[69].

---

[68] Según el Diccionario de Autoridades, el porte: "Se toma también por calidad, nobleza [v. 332] y lustre de la sangre. Latín. *Nobilitas. Dignitas.* PALAF. Conq. de la Chin. cap. 10. Trataba el más vil soldado de los Tártaros como a un ganapán, a cualquier Chino que encontraba, aunque fuese hombre de porte y calidad".

[69] Pilar Gonzalbo Aizpuru, "Las fiestas novohispanas: espectáculo y ejemplo", *Mexican Studies*, IX, 1 (1993), p. 24.

Otro de los protocolos festivos que se recogen en las Actas de Cabildo se relaciona con los banquetes y con que "se dé todos los días de fiesta colaciones ricas a Su Excelencia, tribunales y obispos [...] todo lo cual se ha de ejecutar precisamente sin admitir disculpas"[70]. Precisamente, el *Diario* recoge el apunte del banquete de bienvenida que el conde de Revillagigedo dispuso en Otumba para el marqués de las Amarillas, tras el intercambio del bastón de mando. Es importante señalar cómo, a través de la comida, las virreinas entrante y saliente participan también en la ceremonia política del intercambio de gobierno. Su presencia permite que este acto administrativo contenga también una dimensión más social, en la que se señala la sobremesa como una experiencia gustosa, cómplice y de intercambio fraternal entre las dos parejas nobles:

de Revillagigedo el conde puesto
hospedaje en Otumba y bien dispuesto
el banquete suntuoso
con que a otro día nos recibió obsequioso
y el bastón entregó del virreinato
con muestras grandes de un amor muy grato.
Con él y la condesa
comimos a la mesa
y pasamos gustosos aquel día, (vv. 950–958)

El fragmento del *Diario* más elocuente y que culmina el relato simbólico de ostentación y nobleza asociado a la virreina es el que describe su entrada en la Ciudad de México en términos paralelos a los del virrey. El pasaje que la marquesa de las Amarillas dedica su interlocutora, convertida ahora en "Vuexelencia" en lugar de la "amiga amada" a la que se había estado dirigiendo en versos anteriores, destaca en primer lugar la aclamación popular. La concurrencia de gente para darle la bienvenida es un signo demostrativo para señalar su poder de convocatoria y, por tanto, se esgrime como argumento de autoridad y correlato objetivo de su grandeza. La Virreina destaca su propia entrada "lucida" en la ciudad y cómo se dirige directamente al palacio virreinal. El protocolo exigía esta separación, puesto que el virrey era el único que tenía el privilegio de hacer su entrada a caballo y bajo palio,

---

[70] Dolores Bravo, "La fiesta pública: su tiempo y su espacio", en *Historia de la vida cotidiana en México. La ciudad barroca (vol. II)*, coord. Antonio Rubial, México, Fondo de Cultura Económica-El Colegio de México, 2005, p. 456.

y la virreina debía participar en los balcones de palacio de la bienvenida al nuevo gobernante, juntamente con el resto de las damas de la corte. En el fragmento, este ceremonial se enuncia con una autonomía propia y una preponderancia que se sugiere con la repetición de los posesivos, "mi entrada", "mi Agustín", "mi palacio":

> Quedose aquí el virrey mientras que guiada
> de innumerable pueblo hice mi entrada
> esta mañana en México, lucida
> cuasi en la misma forma que advertida.
> Notará Vuexcelencia en la que al vivo
> poco después de mi Agustín describo,
> viniéndome derecha a mi palacio,
> en cuyo hermoso espacio
> de primeras señoras recibida
> fui a uno de sus salones conducida,
> donde el adorno y la magnificencia
> no dejó que desear a la excelencia. (vv. 993–1004)

Conclusiones

Se presenta por primera vez la edición crítica y anotada del *Diario de la virreina*, un texto que, independientemente de su valor literario, permite problematizar cuestiones clave que afectan a su composición. Se trata de un *Diario* único, sin una genealogía expandida, que puede contribuir al debate teórico sobre autoría femenina, mediaciones subalternas, circuitos de mecenazgo femenino o la visión del entorno cortesano virreinal desde la óptica femenina. La especificidad de un texto atribuido a la marquesa de las Amarillas, aunque seguramente escrito por su secretario Rivadeneira, nos instala en un horizonte de expectativas esencialmente femenino, que permite también proyectar otras hipótesis sobre un eventual proceso de escritura a cuatro manos o, más bien, de un texto ofrecido por el propio secretario y escrito desde la óptica de la Virreina, para consuelo y homenaje por la muerte del hijo de los marqueses de las Amarillas. Este marco compositivo se ve reforzado también desde el planteamiento del *Diario* como una carta que la Virreina, o una voz poética que se identifica con ella, envía a una amiga cercana en la corte de Madrid.

En cualquier caso, se trata de un texto que debe recuperarse críticamente a partir de una lectura renovada, cuyas circunstancias de escritura deben problematizarse siempre desde la óptica femenina. Además, sus claves de interés se proyectan dentro de un circuito de mecenazgo político en el que, a través de los pésames a la Virreina por el hijo fallecido, Rivadeneira se posiciona como pretendiente indiano.

Criterios de edición

El objetivo de esta edición es ofrecer una edición modernizada del texto, a partir del ejemplar depositado en la Biblioteca Nacional de España en Madrid con signatura VE/1611/12. Hemos modernizado las grafías sin relevancia fonética y la puntuación para facilitar su lectura. También hemos anotado al pie los términos y pasajes necesarios para una recta interpretación. Todos los añadidos y enmiendas al texto se señalan mediante corchetes.

El aparato de notas incorpora la equivalencia de cada pasaje del *Diario de la virreina* respecto a la misma noticia ofrecida por el *Diario particular*, escrito por Diego García Panes, con el objetivo de completar el cuadro general de las circunstancias del viaje a México y la toma de posesión en el cargo de los nuevos virreyes. El gobierno de los marqueses de las Amarillas (1755–1760) supone un caso excepcional por toda la documentación generada en torno a su arribo: *Diario de la virreina*, *Diario particular* de Diego García Panes, veinte festejos conventuales a su recibimiento y el lienzo atribuido a Malagón que reproduce el arco de la Catedral de Puebla para la entrada del virrey.

Ahora, la edición crítica de este *Diario de la virreina* pone todos estos documentos en relación para ofrecer el mosaico completo de las circunstancias asociadas al ejercicio del poder novohispano, desde la perspectiva de la virreina.

Bibliografía

Acevedo, Francisco de, *EXPLICATIVA / DEL ARCO, / con que celebrò la entrada de el Ex / celentissimo Señor / D. GASPAR DE SANDOVAL, CER- / DA, SYLVA, Y MENDOZA, Conde de / Galve, Gentil-hombre de la Camara de su Majestad / con ejercicio, Comendador de las encomiendas de / Salamea, y Ceclavin en la orden, y Caballería de Al- / cantara, Alcalde perpetuo de los Reales Alcazares, / Puertas, y Puentes de la Ciudad de Toledo, y del Cas- / tillo, y Torres de la de Leon, y cuyas son las Uillas de / Tortola, y Sazedon, del Consejo de su Majestad, su / Uirrey, Lugar-teniente, Governador, Capitan Ge- / neral, y Presidente de la Real Audiencia, y / Chancillería de la Nueva-España. / Recibiendolo por su Principe, la muy / noble, y leal Ciudad de Mexico. / ALEGORIZADA EN PARIS / Por el Br. Francisco de Azevedo. Año de 1688.* / En Mexico, Por la Viuda de Francisco Rodríguez Lupercio. 1689.

Bravo, Dolores, "La fiesta pública: su tiempo y su espacio", en *Historia de la vida cotidiana en México. La ciudad barroca (vol. II)*, coord. Antonio Rubial, México, Fondo de Cultura Económica-El Colegio de México, 2005, pp. 435–460.

Broomhall, Susan (ed.), *Spaces for Feeling*, Routledge, 2015.

Burkholder, Mark A., "Antonio Joaquín de Rivadeneira y Barrientos", en Real Academia de la Historia, Diccionario Biográfico electrónico (en red: http://dbe.rah.es/ Diccionario RAH).

Cadalso, José de, *Escritos autobiográficos y Epistolario de José de Cadalso*, ed. Nigel Glendinning y Nicole Harrison, London, Tamesis, 1979.

Calderón de la Barca, Pedro, *La vida es sueño*, ed. Evangelina Rodríguez Cuadros, Madrid, Austral. 2003.

Calderón de la Barca, Pedro, *Cada uno con su igual*. Disponible en: https://archive.org/details/HHAZ29826

Cañeque, Alejandro, "De sillas y almohadones o de la naturaleza ritual del poder en la nueva España de los siglos XVI y XVII", *Revista de Indias*, LXIV.232 (2004), pp. 609–634.

Castro Santa Anna, José Manuel de, *Diario de sucesos notables*. Disponible en: https://mexicana.cultura.gob.mx/en/repositorio/ detalle?id=_suri:DGB:TransObject:5bce59c77a8a0222ef15f0db

Colombi, Beatriz, "Sor Juana Inés de la Cruz figuraciones del mecenazgo y la autoría", *iMex*, 15.3 (2018), pp. 30–45.

Colombi, Beatriz y Hortensia Calvo, *Cartas de Lysi: la mecenas de sor Juana Inés de la Cruz en correspondencia inédita*, Iberoamericana-Vervuert, Madrid-Frankfurt, 2015.

Cómez Ramos, Rafael, "El balcón de la virreina. Hermenéutica e historia de la arquitectura", *Cuadernos de arquitectura virreinal*, 1 (1985), pp. 17–24.

Cruz, Sor Juana Inés de la, *Obras completas, III: Autos y loas*, ed. Alfonso Méndez Plancarte, México, Fondo Cultura Económica, 2001.

Chiva Beltrán, Juan, *El Triunfo del Virrey: glorias novohispanas. Origen, apogeo y ocaso de la entrada virreinal*, Castelló, Universidad Jaume I, 2012.

Derrotero de las Islas Antillas, de las Costas de tierra firme, del seno mejicano, y de las de los Estados Unidos del Norte de América, formado en la dirección de Hidrografía para inteligencia y uso de las cartas que ha publicado, Madrid, Imprenta Real, Año de 1820.

Diccionario de Autoridades (Aut.)

Diccionario de la Real Academia Española (DRAE)

Escamilla González, Iván, "La generación reformista novohispana de 1670" en *Nueva España y el Pacífico hispánico. Un homenaje a Carmen Yuste*, María del Pilar Martínez López-Cano, Guadalupe Pinzón Ríos y Javier Sanchiz Ruiz (coordinación), Ciudad de México, Universidad Nacional Autónoma de México, Instituto de Investigaciones Históricas 2023, pp. 231–256.

Escamilla González, Iván, "La corte de los virreyes" en Antonio Rubial García (coord.), *La ciudad barroca*, México, El Colegio de México-FCE, 2005, pp. 371–406.

Expediente AGI: ES.41091.AGI/24//MEXICO,696.

Farré Vidal, Judith, "Sombras ofrecen las selvas para el descanso y soledades para el pensamiento: la entrada del virrey Conde de Galve en México, alegorizada" en París (1688), *Revista de humanidades: Tecnológico de Monterrey*, 16, (2004), pp. 15–48.

Farré Vidal, Judith, "Las virreinas se visten de fiesta. Poder y ostentación encapsulada en la Nueva España", *Espacio Tiempo y Forma. Serie VII, Historia del Arte*, 11 (2023). https://doi.org/10.5944/etfvii.11.2023.36617

Farré Vidal, Judith, "Orgullo, poder y cuerpo de virreina en el diario de la marquesa de las Amarillas", *Studia Aurea: Revista de Literatura Española y Teoría Literaria del Renacimiento y Siglo de Oro*, 16 (2022). https://doi.org/10.5565/rev/studiaaurea.500

Farré Vidal, Judith, "Datos para la investigación de la iconografía del arco para la entrada del virrey de las Amarillas en Puebla (1755), a partir del lienzo atribuido a atribuido a José Joaquín Magón", 2021 [DATASET]; DIGITAL.CSIC; https://doi.org/10.20350/digitalCSIC/14504

Farré Vidal, Judith, "La entrada del marqués de las Amarillas en Puebla (1755), iconografía y sermón políticogratulatorio", *Nuevas de Indias. Anuario del Centro de Estudios de la América Colonial*, 6 (2021). https://doi.org/10.5565/rev/nueind.87

Farré Vidal, Judith, *Festín plausible con que el convento de Santa Clara celebró en su felice entrada a la Ex.ma D. María Luisa, condesa de Paredes, marquesa de La Laguna y Virreina de esta Nueva España*, México, El Colegio de México, 2009.

Farré Vidal, Judith, "Sobre loas y festines o el elogio a las virreinas en la Nueva España durante la época de Carlos II" en Judith Farré Vidal (ed.), *Teatro y poder en la época de Carlos II: Fiestas en torno a reyes y virreyes*, Iberoamericana-Vervuert, Madrid-Frankfurt, 2007, pp. 117–132.

García Panes, Diego, *Diario particular del camino que sigue un Virrey de México: desde su llegada a Veracruz hasta su entrada pública en la capital*, Madrid, Ministerio de Obras Públicas, Transporte y Medio Ambiente, Centro de Publicaciones, 1994.

Gil Osle, Juan Pablo, "La tradición de la amistad femenina en La traición en la amistad de María de Zayas", *Bulletin of Hispanic studies*, 93.4 (2016), pp. 361–384.

Gonzalbo Aizpuru, Pilar, "Las fiestas novohispanas: espectáculo y ejemplo", *Mexican Studies*, IX, 1 (1993), pp. 19–45.

Guerrero Cano, María Magdalena, "El rondeño Agustín de Ahumada y Villalón (marqués de Las Amarillas), virrey de Nueva España", en Actas del III Congreso Internacional de Historia de la Serranía de Ronda, Anejos *de Takurunna*, 3 (2022), pp. 169–189.

Guibovich Pérez, Pedro M., "Singulares invenciones: fuegos artificiales y fiestas religiosas en Lima colonial, siglos XVII y XVIII", *Revista de Indias*, LXXXII/286 (Madrid, 2022): 615–644.

Gutiérrez de Medina, Cristóbal, *Viaje del virrey marqués de Villena, introducción y notas de Don Manuel Romero de Terreros* (formato PDF), México, Universidad Nacional Autónoma de México, Instituto de Historia, 1947 (Primera Serie 3).

Henríquez Ureña, Camila, *La carta como una forma de expresión literaria femenina*, UNAM, 2021.

Juncosa, Fray Juan, *El triumpho de la fe en la antigua, y nueva España: Sermon historico-panegyrico, que en la solemníssima fiesta, que en el dia del santíssimo nombre de Maria, consagra todos los años à Nra. Sra. del Pilar de Zaragoza su ilustre Congregacion …* , México, Imprenta de la Biblioteca Mexicana, 1758, s.f.

Lewandowska, Julia, "¿Qué es una autora? Encrucijadas entre género y Autoría", *Revista Nomadías*, 28 (2019), pp. 165–172.

Luciani, Frederick (ed.), *Relación del festejo que a los marqueses de las amarillas hicieron las señoras religiosas de san jerónimo.* México 1756, Pamplona, Madrid-Frankfurt, Universidad de Navarra-Editorial Iberoamericana–Vervuert-Bonilla Artigas, 2011.

Macías, Isabelo y Francisco Morales Padrón, *Cartas desde América 1700–1800*, Sevilla, Junta de Andalucía, 1991.

Marquesa de las Amarillas, *Diario de viaje de Cádiz a México*, codirección de Clara Ramírez y Claudia Llanos, selección, edición e introducción de Claudia Llanos, México, UNAM-IISUE, 2016.

Maza, Francisco de la, *La mitología clásica en el arte colonial de México*, México, UNAM, 1968.

Memorias de la Real Sociedad Patriotica de Sevilla, 1779, en A. Colomer Viadel ed., *América Latina, globalidad e integración I*, Madrid, Ediciones del Orto, 2012.

Mínguez, Víctor, "La metáfora lunar: la imagen de la reina en la emblemática española", *Millars: Espai i Història*, (1993) XVI, pp. 29–46.

Montes, Francisco, "La "jaula" de las virreinas. Polémica en torno a un asiento indecoroso en la catedral de México" en Carme López Calderón, María de los Ángeles Fernández Valle, Inmaculada Rodríguez Moya (eds.), *Barroco iberoamericano: identidades culturales de un imperio*, Santiago de Compostela, Andavira, 2013, vol. 1, pp. 231–247.

Ortiz Escamilla, Juan, "Las compañías milicianas de Veracruz. Del "negro" al "jarocho": la construcción histórica de una identidad", Ulúa. Revista de Historia, Sociedad y Cultura. 10.25009/urhsc.v0i8.1404.

Ovidio, *Metamorfosis*, Traducción Consuelo Álvarez y Prólogo Rosa Iglesias Madrid, Cátedra 2005.

Ramos, Frances L., *Identity, Ritual and Power in Colonial Puebla*, Tucson, The University of Arizona Press, 2012

Rivadeneira y Barrientos, Antonio Joaquín, *Viaje de la Marquesa de las Amarillas*, ed. Manuel Romero de Terreros, México, 1944.

Rivadeneira y Barrientos, Antonio Joaquín, *El Pasatiempo: obra útil para instrucción de todos los jóvenes*, Madrid en la Imprenta de Benito Cano, 1786.

Rivadeneira y Barrientos, Antonio Joaquín, *Diario notable de la excelentíssima Señora Marquesa de las Amarillas virreyna de Mexico, desde el puerto de Cádiz hasta la referida corte, escrito por un criado de su excelencia D.A.J.R.B.F.D.M.* ... [México] Impr. de la Biblioteca Mexicana, 1757. BNE: VE/1611/12.

Robles, Antonio de, *Diario de sucesos notables (1665–1703)*, México, Porrúa, 1946 vol. 2.

Ripa, Cesare, *Iconología*, Madrid, Akal, 1996.

Romero de Terreros, Manuel, *La vida social de la Nueva España*, México, Porrúa, 1944.

Romero de Terreros, "Don Agustín de Ahumada y Villalón", *Revista de historia y de genealogía española*, Año II, núm. 5 (15 de mayo de 1913), pp. 153–160.

Rosenwein, Barbara, *Emotional Communities in the Early Middle Ages*, Cornell University Press, 2006.

Rubial, Antonio, "Las virreinas novohispanas. Presencias y ausencias", *Estudios de historia novohispana*, 50, (2014), pp. 3–44.

Soberanes Fernández, José Luis, "Vida y obra de Rivadeneyra", *Anuario mexicano de Historia del Derecho*, VII (1995), México, UNAM, Instituto de Investigaciones Jurídicas, pp. 221–237.

Soberanes Fernández, José Luis, Antonio Joaquín de Rivadeneyra y Barrientos, *Ed. facsímil de la obra según la edición de Marín de 1755*, México, Editorial Porrúa, 1993.

Suárez de Paredo, Vicente del Niño Jesús, *Historia de la Santisima Virgen Maria, que con el titulo de Ocotlam se venera con todas las apariencias de aparecida en la nobilisima ciudad de Tlaxcalam, para cuya formacion ha tenido á la vista su humilde autor*, M. Ontiveros, 2 823.

Virgilio, *Eneida*, ed. Aurelio Espinosa, Madrid, Cátedra, 2006.

El *Diario de la virreina*. Edición crítica

Diario notable de la Excelentísima señora marquesa de las Amarillas, virreina de México, desde el puerto de Cádiz hasta la referida corte, escrito por un criado de Su Excelencia, D. A. J. R. B. F. D. M. Con licencia en México en la Imprenta de la Biblioteca Mexicana. Año de 1757.

El autor envía con su hijo a la excelentísima Señora marquesa de la Amarillas, virreina de México, el Diario de su viaje con el siguiente

ROMANCE

Con este[71] ángel, gran Señora,
que es memoria muy amada
y muy tierna de aquel otro,
su amigo que a Dios alaba[72],
va este Diario que ha salido,   5
por más que yo lo deseaba,
tardo, como mi fortuna,
largo, como mi esperanza.

---

[71] Corrijo del original esta supuesta errata a partir de la hipótesis de que pueda faltar en la imprenta el tipo compuesto st y lo suplan con el más parecido de eses altas.

[72] Estos primeros versos podrían referirse al hijo fallecido de los marqueses de las Amarillas (véase la Introducción). De este modo, se establecería la genealogía del linaje de las Amarillas entre la memoria del *ángel tierno*, hijo de los virreyes, y *aquel otro*, que podría hacer referencia a Francisco Pablo de Ahumada y Villalón, padre de la Virreina y I marqués de las Amarillas.

Para que obra tan humilde
pueda en algo seros grata,   10
vuestra bondad generosa
sea madrina de mis faltas.
No ha podido ir antes porque
tanto hasta ahora me embarazan[73],
la fortuna de serviros,   15
mis fortunas atropadas[74].
De una parte, en mis potencias
por mi pena atravesadas,
solo Melpómene[75] inspira
trágicos soplos al alma.   20
Por otra parte, os confieso
muchísima repugnancia
a ejercer en la poesía,
gracia que es tan desgraciada.
Por otra parte, en mi oficio,   25
una servidumbre diaria,
en cuanto ella me ejecuta,
toda mi atención embarga.
Aquí las jurisdicciones
salen como alambicadas,   30
y es el proceder de fuerza,
la fuerza más ordinaria.
Aquí el ladrón, el que jura,
el homicida, la mala
mujer, el falsario, el torpe[76],   35

---

[73] *Embarazar*: "impedir, detener, retardar y en cierto modo suspender lo que se va a hacer o se está ejecutando" (*Aut.*). Rivadeneira obtuvo varios puestos en la carrera administrativa y, como fiscal, se opuso a las actividades del Tribunal de Acordada. Precisamente son estas ocupaciones como fiscal las que subyacen como excusa en el Romance para publicar este *Diario* en 1757, dos años después del viaje. Además, también asume este tardanza en la publicación con el retraso en la obtención de sus méritos, *tarda fortuna*.

[74] *Atropadas* en el sentido de desordenadas. El adjetivo es participio de atropar "juntar la gente en tropas o en cuadrillas, sin orden ni formación de escuadrones. Es voz compuesta de la partícula A, y del nombre Tropa, que significa porción de gente junta sin guardar orden" (*Aut.*). La justificación de Rivadeneira por el retraso de la publicación del *Diario* se elabora también con una dilogía, a partir de dos significados de fortuna: la alegría del servicio y los accidentes del oficio.

[75] *Melpómone* es la musa de la tragedia.

[76] *Torpe*: "vale asimismo deshonesto, impúdico, lascivo" (*Aut.*).

piden de pronto la paga[77].
Aquí son las más frecuentes
disputas extraordinarias,
y en inmunidades frías,
competencias destempladas.   40
Esto, para Vuexcelencia,
acá desde mi tinaja,
no obsta a que mi rendimiento
esté siempre a vuestras plantas.
Desde ellas envanecido,   45
con el honor de besarlas,
os ofrezco en mis deseos
cuanto mis fuerzas no alcanzan:
salud próspera, feliz
sucesión[78], vida muy larga   50
en la unión apetecida
de nuestro jefe, que os ama.
Dele Dios tantos aciertos,
que sus méritos nos lo hagan
inmortal a la corona,   55
grande para vuestra casa.

***

En tanto, amiga amada[79],
que una y otra jornada
dejan en mi camino
lugar a la opresión, tiempo al destino,
permita Vuestra Excelencia   5
que supla mi expresión a mi presencia,
por que esta vez el corazón presuma,
que sea el desahogo del dolor la pluma.
Desde mi embarque, pues, hasta mi entrada

---

[77] *Paga*: "se toma también por la satisfacción de la culpa, delito o yerro, por medio de la pena correspondiente" (*Aut.*).

[78] Entre los buenos deseos a la Virreina consta entre los primeros de la enumeración la *feliz sucesión*, una disposición que vendría a corroborar que el *Diario* se concibe como consuelo ante el fallecimiento del hijo de los virreyes.

[79] El vocativo a esta *amiga amada* como receptora y destinataria nos da pie a interpretar el contexto comunicativo del poema como una carta en la que el yo poético de la Virreina elabora estos versos como desahogo y, en esta intimidad, comparte el dolor del desarraigo.

en esta capital tan celebrada,　　　　　　　　　　　　　　　10
quiero escribir en lo que me ha acaecido
sinopsis breve, estracto reducido
de todo lo notable,
puesto que por menor no será dable.
Prevengan a mi intento sus sentidos,　　　　　　　　　　15
lince la vista, atentos los oídos,
y que sea en selva libre[80] no se espante,
si es toda selva libre a un caminante.
El día cuatro de agosto por la tarde,
haciendo mi fe alarde　　　　　　　　　　　　　　　　20
de que es servir debido
al Rey y a mi marido[81],
me embarqué en Cádiz con mi esposo amado,
en el navío la América nombrado.
Y entre empleo y conducción, dudar podría　　　　　　　25
el gran concurso que embarcar me v[e]ía,
si es que era el nombre adonde me embarcaba
o si era el nombre aquel que me llevaba[82].
El cinco por la noche,
previniendo el desbroce[83]　　　　　　　　　　　　　30
de jarcias[84] y velamen
en que confía el examen
del piélago[85] profundo,
la bárbara ambición de todo el mundo,
que hace de un frágil leño la confianza,　　　　　　　　35
depósito total de su esperanza,
y expone al cielo, al mar, al viento, al fuego,

---

[80]　Se refiere al esquema métrico de la silva que sigue el poema, compuesta por versos endecasílabos y heptasílabos, de rima consonante o libre.

[81]　Resulta clara desde los primeros versos la voluntad por vincular deber real, matrimonio y orgullo nobiliario.

[82]　En estos versos elabora un juego de palabras entre el nombre de la embarcación, América, y el continente al que se dirigen.

[83]　*Desbroce*: en el original se lee "desbroche", pero modernizo como sustantivo de desbrozar (en el sentido de despejar y limpiar). El desbroce de jarcias en náutica implica la limpieza profunda, revisión y mantenimiento de los cables y elementos del aparejo firme y de labor de una embarcación para asegurar su funcionamiento y evitar roturas. Se realiza para eliminar sal, corrosión y suciedad.

[84]　*Jarcias*: "conjunto de los aparejos y los cabos de una embarcación" (*DRAE*).

[85]　*Piélago*: "aquella parte del mar que dista ya mucho de la tierra y se llama regularmente alta mar. Tiene notable profundidad" (*Aut.*).

salud, caudales, vidas y sosiego,
levose el ancla y todo marinero
a maniobrar dispuesto, el timonero   40
la rueda desatada se previno
emprender el camino,
según la voz del Palinuro[86], cuando
dócil impulso de Favonio[87] blando,
hiriendo en el velamen desprendido,   45
el vaso[88] todo se miró movido,
y al apartarse del amado puerto,
el dominio dejó de Melicerto[89],
no de Vulcano[90], aclamación sonora
que el aire rasga, el corazón azora.   50
Permitir quise que en aqueste día,
harta opresión el corazón tenía,
y en honores marciales igual suerte
tienen la alegre vida y triste muerte,
si un cañón mismo aplauso y sentimiento   55
muestra en el triunfo y da en el monumento.
Volví los ojos a la tierra amada,
y al verla separada
en natural dolor, en sentimiento
anegado, el lamento,   60
entre mil sustos que el discurso atropa[91],
de esta suerte le hablé desde la popa:
Adiós, patria querida,
ingrata cuna de mi triste vida,
que el ser que liberal me dispensaste,   65

---

[86] *Palinuro* es el capitán de la nave de Eneas desde su salida de Troya.

[87] *Favonio*: "el viento que viene del verdadero Poniente, que por lo más común se llama Céfiro. Los poetas suelen usar mucho del nombre Favonio" (*Aut.*).

[88] *Vaso*: significa asimismo el buque y capacidad de las embarcaciones, y figuradamente se toma por la misma embarcación (*Aut.*).

[89] *Melicerto* era uno de los hijos de Ino. El otro hijo de Ino, Learco, fue arrojado contra un peñasco por Atamonte, enfurecido por Tisífone, y para salvar a Melicerto, su otro hijo, Ino se arrojó al mar. A ruego de Venus, fueron convertidos en dioses marinos: Melicerto fue Palemón e Ino fue Leucotea. Palemón era el protector de los marineros.

[90] *Vulcano* es el dios romano del fuego.

[91] *Atropar*: "juntar la gente en tropas o en cuadrillas, sin orden ni formación de esquadrones" (*Aut.*). Por la marcialidad con que se describe este momento de despedida, concebido como un acto de servicio y lealtad, se entiende este uso de terminología militar.

tan solo por ser más me lo turbaste,
cuando al nacer y al separarme esquiva,
quieres que viva en ti y en ti no viva.
Que fui vapor que sube
a ser cándida nube[92],   70
en muy distante asiento
de aquella tierra en que bebió su aliento.
Fui exhalación, acaso,
que formada al oriente va al ocaso,
en donde compra a precio de distante,   75
el lucimiento escaso de un instante.
Fui arroyo pasajero,
que en uno y otro campo forastero,
al ruido que le engaña,
deja precipitado la montaña   80
que le fue noble cuna,
y no contento ya con su fortuna,
sin hacer caso del caudal que tiene,
presuroso previene,
tal vez la risa en halagüeños prados,   85
y tal el llanto en riscos escarpados,
adonde impreso deja
el eco lastimoso de su queja,
siendo de cada peña tosca ruga[93],
rústico lienzo que su llanto enjuga,   90
hasta arrojarse al mar, donde no sabe
la suerte que le cabe
a toda su esperanza,
entre la tempestad y la bonanza[94].
Mas si en la suerte mía,   95
tan solo puede a mi melancolía,
ser escaso consuelo

---

[92] En la despedida de tierra firme, la Virreina se asume simbólicamente como nube que surge del vapor de agua, que se eleva en el cielo debido al calor del sol.

[93] *Ruga*: lo mismo que arruga. Es voz puramente latina. (*Aut.*)

[94] En este fragmento (vv. 69–94) el yo poético de la Virreina se simboliza en dos realidades líquidas, vapor / nube y arroyo, como metáforas del viaje líquido, por mar, hasta América y también como preludio de las lágrimas del dolor por la despedida.

esta última expresión, oh, patrio suelo,
queda en paz, pero quédate entendido,
que si vapor he sido   100
o nube en la atmósfera,
allá desde otra esfera,
hará que más en ella me sublime
la pesantez que el corazón oprime,
vertiendo sobre todos tus retiros   105
agua mis ojos, rayos mis suspiros.
Si soy exhalación o soy meteoro,
para que sepas tu atención imploro,
cuando aurora boreal
de ti salga a ser luz septentrional,   110
que aunque mi cuerpo ocupe el occidente,
queda mi corazón en el oriente.
Y, en fin, si soy arroyo peregrino,
por todo mi camino
murmuraré de tu rigor tirano,   115
con la floresta, el bosque, el monte, el llano,
por si los mismos ecos repetidos,
llevaren mis lamentos a tus oídos.
Todo lo dejo en ti, y en ti dolientes
amigos y parientes,   120
que en tanto como yo los he querido,
con ellos dejo el corazón partido.
Ahí te quedan, acoge entre tus brazos
la cara[95] multitud de sus pedazos.
A este estado llegaba,   125
cuando apenas la tierra divisaba,
porque en el horizonte,
la cumbre oculta y sumergido el monte,
silencio impuso a toda mi querella,
no quedar ya a mis ojos ceja de ella.   130
Desapareciose, en fin, cuando mareando
las velas todas, fuimos navegando
al rumbo del deseo,
aunque yo con muchísimo mareo,
siempre de dos bajeles convoyados,   135

---

[95] *Cara* en el sentido de amada y querida.

que el Dragón[96] y el Infante son nombrados.
Así fuimos hasta el catorce día,
que a la primera luz que Febo[97] envía[98],
por que nieblas deshaga,
logramos descubrir Punta de Naga[99],   140
en Tenerife al oeste
y la grande Canaria al sudoeste,

---

[96] Aunque en el expediente del viaje que se puede consultar en el Archivo General de Indias no consta el nombre de estos barcos para el viaje de 1755 de los Ahumada (http://pares.mcu.es:80/ParesBusquedas20/catalogo/description/161458), en otras fuentes consta que el Dragón fue el segundo navío con este nombre, el primero fue construido en la Habana y perdido en Cartagena de Indias en 1741. Tenía por advocación a «Santa Teresa de Jesús» y Dragón era su alias o nombre común. Fue construido por el asentista Juan de Acosta con los planos del ingeniero Ciprián Autrán. Su construcción, o puesta su quilla, se inició el 15 de abril de 1744, conjuntamente con el navío Conquistador, con el asiento de la Real Compañía de la Habana. Finalizado el 2 de mayo de 1745, se entregó oficialmente a la Armada el 1 de septiembre de ese año. En marzo de 1755 se ordenó alistar a los navíos América y Dragón para llevar a Veracruz al nuevo virrey, Agustín de Ahumada y Villalón, marqués de las Amarillas, que debía reemplazar al virrey Horcasitas. Zarpó de Cartagena rumbo a Cádiz el 25 de junio de 1755 en conserva del navío Infante, fondeando el 21 de julio en la bahía gaditana. Estaban al mando del jefe de escuadra Blas de Barreda, a bordo del Infante. Zarpó rumbo a Cartagena de Indias el 6 de agosto de 1755 con el navío Infante, y en su conserva el navío América y los buques de registro San Ramón y Tetis, que tenían por destino Veracruz. Los dos mercantes se separaron la noche del 10 al 11 de agosto. Llegaron a La Guaira el 13 de septiembre. Se hicieron a la vela los dos navíos de guerra y llegaron al día siguiente a Puerto Cabello, de donde zarparon el 22 de septiembre y llegaron a Cartagena de Indias el 5 de octubre. Fondeados en el puerto estaban 4 jabeques y las fragatas Victoria y Flecha. Los dos navíos Dragón e Infante y la fragata Flecha zarparon el 10 de noviembre y llegaron a la Habana el día 25. Llegaron finalmente a Veracruz a finales de 1755 (https://www.todoababor.es/historia/navio-dragon-2-1745/).

[97] *Febo* es uno de los sobrenombres que recibe el dios Apolo en la mitología clásica. Los poetas clásicos latinos también aplicaban el apodo Febo al dios sol.

[98] En el original se lee *invía*.

[99] *Punta de Naga*: marca el extremo de la isla de Tenerife, su parte nordeste. "En la cartografía antigua predomina, cuando no es exclusiva, la forma Naga, lo que demuestra un hecho bien conocido: que en cuestión de la toponimia volcada sobre los mapas se copian los unos a los otros. Punta de Naga se lee en el exterior del mapa de Torriani (1978: 173); Pª de Naga en el exterior del mapa de Briçuela (Briçuela y Casola 2000: 55–56); Roques de Naga, Punta de Naga y Roquete de Naga, en el exterior del mapa de Riviere (1997: 74); y Naga en el mapa de P.A. del Castillo (1686/1994: s. p.). Sin embargo, en la bibliografía histórica desde el siglo XVIII se impone el nombre de Anaga." (https://hdl.handle.net/11730/guatc/255).

montamosla después y a cuatro albores
del Trópico, pasamos los ardores.
El día lunes dieciocho y el siguiente,   145
determinó la marinera gente
hacer del dios Neptuno alegre fiesta,
conforme a su costumbre. Para aquesta
que podemos llamarla Neptunal[100],
o por mejor decir fiesta consual[101],   150
que a obsequio de Neptuno se dirige,
en tanto que este sus caballos rige.
Vistiose de este dios un marinero,
con su tridente fiero,
y yo aseguro, amiga, por mi vida,   155
que si en ondas y canas sumergida,
de este dios, la persona
la ciencia mitológica pregona,
entre conchas y escamas anegado,
nunca se vio Neptuno más helado[102],   160
pues ni él, ni doce más que le siguieron,
y del palo mayor se desprendieron,
entre varias figuras
que retrataron bien sus contexturas[103],
hicieron cosa que notable fuese,   165
ni que con gracia alguna divirtiese.
Del dios se hizo uno de ellos capellán,
un grande ganapán[104],
que mejor que de su amo los pecados,
desembuchar le hiciera los pescados,   170

---

[100] *Neptunal*: aparece en *La comedieta de Ponça del Marqués de Santillana*. Vale por *Neptúneo*: Perteneciente o relativo al dios Neptuno o al mar (DRAE). Se refiere a la Neptunalia, un festival ancestral de dos días de duración en honor al dios Neptuno, celebrado en Roma en el calor y la sequía del verano, probablemente entorno al 23 de julio.

[101] Las *Consualia* o *Consuales Ludi* eran unas fiestas romanas instituidas por Rómulo en honor de Consus, dios que protege las reservas de grano en los graneros y silos subterráneos, pero también de los consejos.

[102] El pasaje (vv. 155–165) introduce la noticia de un pasatiempo festivo a bordo, con Neptuno y doce figurantes, a imitación de la Neptunalia. Según se desprende, habrían realizado juegos malabares desde el palo mayor del barco, aunque sin demasiada gracia.

[103] *Contextura*: "Se toma tambien por la disposición y trabazón de cosa material: como del cuerpo del hombre, del edificio, &c." (*Aut.*).

[104] *Ganapán*: "El mozo del trabajo, que adquiere su sustento llevando cargas, y transportando lo que le mandan de una parte a otra" (*Aut.*).

pues hizo a nuestra vista los oficios
de admitir para sí los sacrificios.
Allí salió uno dando testimonio
de que hacía de demonio,
y tan feroz se puso a lo visible,   175
que yo no vi demonio más horrible.
De estos monstruos marinos,
fieros carontes[105], brutos tricarinos,[106]
todos fuimos objetos,
sin distinción alguna de sujetos.   180
A cada uno por su orden preguntaron
con qué licencia el Trópico[107] pasaron[108],
cuando esto no era lícito a ninguno,
sin especial patente de Neptuno.
Y a buen librar los iban despachando,   185
con lo que cada cual les fue soltando.
Parando esta función, en que impaciente
la chusma de la gente,
al dios Neptuno y los de su corte,
les dio unas zambullidas de buen porte[109].   190
El venticuatro, el bote del Infante
se nos puso delante,
con dos barricas de agua, que del puerto

---

[105] *Carontes*: Se refiere a Caronte, el barquero de la mitología griega que lleva las almas de los muertos al Hades, donde serán juzgadas para decidir su lugar de descanso.

[106] *Tricarino*: "Tricarina es un género de crustáceos de ubicación filogenética incierta, conocido a partir de un único espécimen fósil incompleto del Cretácico del oeste de Irán. Tiene un cuerpo aplanado con tres crestas longitudinales, que le dan su nombre" (https://hmn.wiki/es/Tricarina).

[107] *Trópico*: "Término de Astronomía. Es uno de los dos círculos menores, que se consideran en la esfera celeste paralelos al Ecuador o equinocial, y tocan a la eclíptica en los puntos de las intersecciones de la misma eclíptica con el coluro de los solsticios: el que está a la parte boreal se llama Trópico de Cáncer y el otro a la parte austral Trópico de Capricornio. Es voz Griega, que significa lo que da vuelta" (*Aut.*).

[108] La alusión parece referirse al argumento del pasatiempo dramático que se representa, en el que se emplaza a los religiosos que se han embarcado en su paso por el Trópico hacia América, más que pedir licencia a su orden religiosa, al dios Neptuno.

[109] Se cierra la descripción de este pasatiempo festivo (vv. 155–190) del que la Virreina ha dado cuenta a su interlocutora, en el que, tras unos malabares desde el palo mayor, se ha representado un desfile ante el dios Neptuno con doce monstruos marinos, interpelando a los presentes sobre sus razones para llevar a cabo la travesía. Este esquema dramático sigue el desfile de figuras tradicional propio del entremés.

me enviaba el comandante[110]. Amiga, cierto
que a ser desdichada, imponderable llega,   195
a todo el que navega,
el que la suerte fragua,
que en tanta agua se estime una sed de agua[111].
Pues Tántalo[112] sediento,
aun en medio del húmedo elemento,   200
mira el agua de sobra
y no puede beberla su zozobra.
Agradecila, en fin, urbanamente
por señas, que la noche subsequente,
mientras con el motivo de mi santo[113],   205
baile me celebró, música y canto,
que todo estuvo en la ocasión muy bueno.
La chusma[114] dio a una de ellas un barreno[115],
y en honor de mi día
ocultamente la dejó vacía.   210
Todos me celebraron placenteros:
mis criados, oficiales, pasajeros,
siendo más especial en este estado,

---

[110] Por lo general, durante los viajes el agua dulce para consumo se almacenaba a bordo de los barcos en barriles específicos. Se mantenía fuera del alcance de la luz del sol y se añadía vinagre para combatir la proliferación de microorganismos. Se reponía en cada puerto.

[111] Sobre la carencia de agua potable (vv. 191–198), una de las adversidades de la travesía, a pesar de estar rodeados de agua marina. El comentario se glosará con la metáfora del castigo a Tántalo, sediento pese a estar rodeado de agua.

[112] *Tántalo*: En la mitología griega es el rey de Lidia e hijo de Zeus. Los dioses le honraron invitándole a comer en su mesa en el Olimpo y en una ocasión fueron a cenar a su palacio. Para probar su omnisciencia, Tántalo mató a su único hijo, Pélope, lo coció en un caldero y lo sirvió en el banquete. Los dioses, sin embargo, se dieron cuenta de la naturaleza del alimento y no lo probaron. Devolvieron la vida a Pélope y decidieron un castigo terrible para Tántalo. Lo colgaron para siempre de un árbol en el Tártaro y fue condenado a sufrir sed y hambre angustiosas. Bajo él había un estanque de agua pero, cuando se detenía a beber, el estanque quedaba fuera de su alcance. El árbol estaba cargado de peras, manzanas, higos, aceitunas maduras y granadas, pero cuando estaba cerca de las frutas el viento apartaba a las ramas.

[113] Se refiere a la festividad de san Luis, que se celebra el 25 de agosto.

[114] *Chusma*: "En germanía significa la muchedumbre de gente" (*Aut.*).

[115] *Barreno*: "Vaso de barro grosero, que sirve para echar en él cosas líquidas y para otros usos como fregar, sangrar, &c" (*Aut.*).

un buen refresco[116] helado
y una loa bien dispuesta   215
por nuestro padre Ronda[117], cuya fiesta
representaron primorosamente
mis damas y mis pajes, e igualmente
un entremés y de comedia un paso[118],
que hizo más exquisito el acaso.   220
Repitiose el veintiocho otro festejo[119],
igual en todo al que expresado dejo,
en honor de Agustín. Quieran los cielos
sus años regular por mis anhelos,
pues su importante vida a mi fe afianza   225
el vínculo total de mi esperanza,
y como ella me dure, amiga amada,
nada más quiero, ni apetezco nada.
Día cinco de septiembre en la mañana,
el piloto se allana   230
a hacernos ver, y con efecto vimos,
a la Isla del Tabaco[120], donde fuimos
separados de nuestros compañeros,
después de mil políticos esmeros,
con que su comandante nos previno   235
para seguir el rumbo a su destino.
Desde aquí fuimos solos navegando

---

[116] *Refresco*: "Se toma también por el agasajo de bebidas, dulces y chocolate, que se da en las visitas o otras concurrencias" (*Aut.*).

[117] Estos versos podrían referirse a las duras condiciones del viaje y cómo lo harían más llevadero, refrescándose con una colación y una loa, que le dedica su confesor de Ronda, Miguel de Ronda, fraile y natural de Ronda. Se celebra su onomástica con "baile, música y canto", y, además de la loa, se refiere a las otras piezas que, escritas por su confesor, representaron sus damas y pajes. El listado completo del séquito se encuentra recogido en el expediente de contratación del viaje (http://pares.mcu.es:80/ParesBusquedas20/catalogo/description/161458).

[118] *Paso de comedia* es una pieza dramática breve.

[119] Se confirma de esta manera la duplicidad y la simetría que opera para las celebraciones de la pareja virreinal. Al festejo anteriormente descrito por la onomástica de la virreina, le sigue la celebración del 28 de agosto por la de su marido, Agustín de Ahumada.

[120] *Isla del Tabaco*: es una pequeña isla de Belice, a unas 10 millas al este de Dangriga, Distrito de Stann Creek.

y la Isla de Granada[121] divisando
el seis, el siete en que nos vimos
la de Santo Domingo[122] descubrimos.   240
Después, el doce, con propicio cielo,
entre el bajo de Frailes[123] y el Alto Velo[124],
diestro piloto el derrotero pasa
al cabo Taburón[125] y la Nabasa[126].
A Cuba el día catorce demarcamos,   245
a cuya isla costeamos,
experimentando en ella ya insufrible
el calor, que se había hecho más terrible,
pasándolo con otros anteriores
con nuestros mediatores[127],   250
a cuyo juego concurrieron solo

---

[121] *Isla de Granada*: Granada es un país del Caribe que abarca una isla principal, también llamada Granada, y las islas más pequeñas circundantes. Apodada la "Isla de las especias", la montañosa isla principal alberga varias plantaciones de nuez moscada.

[122] *Santo Domingo*: es la capital de la República Dominicana. La ciudad está situada sobre el Mar Caribe, en la desembocadura del río Ozama, en la costa sur de la isla a 155 km al sureste de Santiago. Fundada por Bartolomé Colón el 5 de agosto de 1498, en la margen oriental del río Ozama y luego trasladada por Nicolás de Ovando en 1502 a la margen occidental del mismo río. Conocida por ser el lugar del primer asentamiento europeo permanente en América, y por ser la primera sede del gobierno de la Corona de Castilla en el Nuevo Mundo.

[123] *Frailes*: es un arrecife de 4 km de longitud considerado como uno de los más impresionantes del Caribe Insular.

[124] *Isla el Alto Velo*: es una isla del mar Caribe o Mar de las Antillas, perteneciente a la República Dominicana ubicada al suroeste del país. Posee una superficie de 1,02 km. Es la parte más al sur de todo el territorio nacional.

[125] Es una errata, se refiere al cabo *Tiburón*, un accidente costero que marca el inicio de la frontera común entre Panamá, al occidente, y Colombia, al oriente, en el mar Caribe. Este cabo también marca el comienzo de la serranía del Darién.

[126] Se refiere a la Isla de Navaza, una isla deshabitada del Caribe. En 1504 Cristóbal Colón, que había varado en Jamaica durante su cuarto viaje, envió en canoas a Diego Méndez de Segura y a Bartolomeo Fieschi junto con indígenas a la isla de La Española en busca de ayuda. Pasaron por una isla que no tenía agua a la que llamaron Navaza, nombre que le dieron en alusión a las navas de España.

[127] El *mediator* es un juego de naipes parecido al tresillo y, por el calor, parece que solo siguieron la partida, además del propio Rivadeneira, "Ulibarri y Bartolo".

Rivadeneira, Ulibarri y Bartolo[128].
A la vista de Cuba, e igualmente
de la ya referida antecedente
Isla Española[129], en uno u otro día,   255
divertir quise vana fantasía,[130]
que la tristeza engaña.
Puesto que de una y otra, la montaña,
fértil al clima, a la labor inculta,
en cuanto la distancia dificulta,   260
me ofreció en su maleza,
breve contemplación de su aspereza.
Allí me parecieron que vagantes
cíclopes[131], habitantes
por el juicio de Júpiter, mudados,   265
no bien escarmentados
de sus extremos broncos,
en la dura corteza de los troncos,
con dos mil monerías,
grababan sus gigantes osadías.   270
Por allí contemplaba

---

[128] Son nombres que no aparecen en la lista de pasajeros embarcados en el pasaje. Destaca la alusión en tercera persona del propio Rivadeneira, cuyo nombre curiosamente tampoco aparece en la lista de pasajeros.

[129] *Isla Española*: isla del mar Caribe que acoge a dos Estados soberanos, la República Dominicana y Haití. Ubicada entre las islas de Cuba y Jamaica, al oeste, y la de Puerto Rico, al este, es la segunda isla por extensión del archipiélago de las Antillas Mayores.

[130] Se inicia ahora un fragmento, hasta el v. 312, que reproduce una descripción del paisaje en clave mitológica, que se justifica para mitigar la "tristeza" con "vana fantasía".

[131] *Cíclopes*: gigantes monstruosos, hijos de Neptuno y Anfítrite, según algunos, y del Cielo y la Tierra según otros, no tenían sino un ojo en medio de la frente, de los que les viene el nombre. Vivían de los frutos que la tierra les daba sin cultivo y del producto de sus ganados. No les gobernaba ninguna ley. Se les atribuye la construcción primitiva de las ciudades de Micenas y Tirinto, formadas de masas tan enormes que para arrastrar las más pequeñas se necesitaban dos pares de bueyes.
Júpiter los precipitó en el Tártaro desde que nacieron, pero a intercesión de Tellus, la Tierra, que le había predicho la victoria, los puso en libertad. Fueron los herreros de Vulcano y trabajaban en la isla de Lenos, en las profundidades de la Sicilia o bajo el Etna. Fabricaron para Plutón el casco que le hizo invisible, para Neptuno el tridente con que revuelve o calma los mares y para Júpiter el rayo con que hace temblar a dioses e inmortales.

que Níobe[132] me llamaba,
en compasiva seña,
desde el duro copete de una peña,
adonde el agua que por ella baja,   275
a llorar a sus hijos se desgaja[133].
Allí de Adonis[134], lastimosa muerte,
que le condujo a la tirana suerte
del jabalí cerdoso,
me pareció mirar cuerpo oloroso,   280
de una flor delicada en sus carmines,
vergüenza a dar a todos los jazmines,
que pálidos al verlo a su olor yertos,
de pura envidia se quedaron muertos.

---

[132] *Níobe*: hija de Tántalo y esposa de Anfión, rey de Tebas. Tuvo con Anfión nueve hijos. Níobe se vanagloriaba de su prole, mofándose de Leto porque esta solo había tenido dos hijos (Apolo y Artemisa). Estas burlas llegaron hasta tal punto de soberbia que se opuso a que se le tributaran honores a Leto, diciendo que ella era más digna de que se le levantasen altares. En venganza, Apolo mató con sus flechas a todos menos a uno de los hijos varones de Níobe, y Artemisa hizo lo propio con todas menos una de las hijas. Los salvados del castigo fueron Amiclas, que había ofrecido una plegaria propiciatoria a Leto, y Melibea, que al presenciar la muerte de sus hermanos adquirió tal palidez que fue llamada Cloris a partir de entonces. Cuando la desafortunada madre acudió junto a los cadáveres de sus hijos sintió tal dolor que, deshecha en llanto, quedó inmóvil y terminó convirtiéndose en piedra, como había suplicado a Zeus.

La llamada compasiva de la diosa puede tomarse como un mal presagio y augurio, ya que el hijo de la Virreina moriría poco después. Este asunto mitológico también puede tomarse como un indicio de la posterior redacción del *Diario* por parte de Rivadeneira, sabedor del desenlace.

[133] Este pasaje del dolor de Níobe por la muerte de sus hijos podría interpretarse como un preludio de la pérdida que sufrirá la Virreina una vez desembarcada en México y que adquiere más sentido puesto que, como señalamos en el estudio introductorio, la publicación del *Diario* en 1757 es posterior a la muerte del hijo de los marqueses de las Amarillas.

[134] Adonis era amante de Afrodita, bello y eternamente joven. Aficionado a la caza, lo mató un jabalí salvaje. Este fragmento (vv. 277–284) parece referirse a la leyenda de su muerte, cuando herido comenzó a sangrar en las manos de Afrodita, quien derramó su néctar mágico sobre sus heridas. Aunque Adonis murió, la sangre se mezcló con el néctar y fluyó hacia el suelo donde brotó una flor del suelo. Su aroma era el mismo que el néctar de Afrodita y su color era el de la sangre de Adonis: la flor de la anémona.

Allí, una fuente a quien pesada roca   285
quiso tapar la boca,
presurosa desea,
de infeliz Galatea[135]
correr al lago, donde más ansiosa
logre una libertad más anchurosa.   290
Allí, se veía soledad estraña
de otra áspera montaña
llorar, tal vez arroyo presuroso
hacia el mar ambicioso,
por más que en su ribera,   295
insensible le espera
en su penoso llanto,
lo duro de uno y otro canto,
que acompañar desea
la más casta napea[136],   300
a quien haciendo corte en sus arreos[137],
no alcanzan sus deseos,
entre árido peñasco o tronco vivo,
de fauno torpe o sátiro lascivo.
Allí, en una arboleda,   305
atezado[138] vapor de una humareda,
da indicio suficiente
del soplo activo de cercana gente,
que del monte vecina,
buscando su remedio con su ruina,   310
por que sirva el carbón a su hospedaje,
los troncos desnudó de su follaje.
En el día dieciséis que numeramos,

---

[135] *Galatea* es una nereida de Sicilia amada por el cíclope Polifemo. Sus padres eran Nereo y Doris. Cuando Galatea rechazó al cíclope en favor de Acis, un pastor siciliano, Polifemo, celoso, lo mató aplastándolo con una enorme piedra. Desesperada por el dolor, Galatea transformó la sangre de su amante en el río Acis (en Sicilia).

[136] *Napea*: en la mitología griega cualquiera de las ninfas que, según los gentiles, residían en los bosques, montañas, cañadas o valles.

[137] *Arreo*: "atavío, compostura y adorno con que se engalana y viste una persona, según su estado y calidad" (*Aut.*).

[138] *Atezado*: "lo que tiene el color negro" (*Aut.*).

a los Caimanes chicos[139] avistamos,
con el cabo también de San Antonio[140],   315
de la cercana sonda testimonio.
No bien el veintidós todos nos vimos
en ella, cuando alegres nos pusimos
a la capa[141], por ver los marineros
pescar hermosos pargos, lindos meros,   320
que fueron tales y tan varias veces,
que se pudo juzgar en tantos peces,
que todo aquel recinto delicado
era el imperio a Glauco[142] dedicado.
El treinta de septiembre, a la vislumbre[143]   325
que de la solar lumbre
prestaban comedidos los albores,
cuando cobra de nuevo los colores
en el prado, la rosa, la violeta,
el clavel, el jacinto y la mosqueta,   330
y en el piélago undoso[144] de Neptuno,

---

[139] *Caimanes chicos*: "Los que navegan por el S. de Cuba y no tienen que tomar a Trinidad o algún otro puerto de esta parte de costa, huyen de ella y navegan desde cabo de Cruz al O. A este rumbo y a distancia de 32 leguas de dicho cabo, según la carta de este Depósito de 1857, o de 38 leguas según la situación dada por el General Laborde en 1830, está el cayo más oriental de dos llamados los Caimanes chicos, que no dejan de hacer un poco arriesgado su recalo de noche, porque despiden arrecifes a su alrededor, y como estas islas o cayos son de poca altura, y no pueden descubrirse sino a muy corta distancia, se hayan las embarcaciones sobre su arrecife cuando menos lo piensan" (*Derrotero de las Islas Antillas, de las Costas de tierra firme, del seno mejicano, y de las de los Estados Unidos del Norte de América, formado en la dirección de Hidrografía para inteligencia y uso de las cartas que ha publicado*, p. 135)

[140] *Cabo de San Antonio*: es el extremo más occidental de Cuba, que forma parte de la reserva de la biosfera península de Guanahacabibes, en la provincia de Pinar del Río.

[141] *Ponerse a la capa*: es una técnica para capear el temporal que proporciona seguridad, permite evitar que el barco se atraviese a la mar y sea golpeado fuertemente por una ola rompiente, disminuyendo de esta forma el riesgo de vuelco del barco.

[142] *Glauco*: en la mitología griega es una divinidad y monstruo del mar, hijo de Poseidón y de la náyade Nais, o de Nereo y de la oceánide Doris. La figura de Glauco aparece en las *Argonáuticas*, de Apolonio de Rodas, y en el Libro XIII de *Las metamorfosis* de Ovidio.

[143] *Vislumbre*: "el reflejo de la luz o tenue resplandor a distancia de ella" (*Aut.*). Este pasaje (vv. 325–344) anuncia en clave mitológica y con metáforas de brillo y luz la primera visión de tierra americana.

[144] *Undoso*: "lo que tiene ondas o se mueve haciéndolas" (*Aut.*).

se veían uno a uno
los globos cristalinos[145]
brillar diamantes finos,
en hilos de oro con los ramos bellos,   335
con que Febo[146] asomaba a enriquecellos,
cuidadosa vigía
a quien la mira del peligro fía,
entregado a la suerte el navegante,
centinela constante,   340
que en el sueño asegura el pasajero,
en el más peligroso derrotero,
desde la gavia[147] alborozado avisa
cómo cercana su tierra se divisa.
La república errante[148],   345
que anhelaba del término el instante
de la larga carrera[149],
corre a inquirir ligera
el anuncio felice, que examina
en uno y otro palo en que se empina.   350
El práctico piloto se asegura,
cotejado el objeto con la altura
y la deseada arena, ser afianza,
la que el logro promete a la esperanza.
Caminaba la lámpara del día,   355
dejando ya la verde tumba fría

---

[145] *Globos cristalinos* Comp. "esos orbes de diamantes, / esos globos cristalinos, / que las estrellas adornan / y que campean los signos" (Calderón de la Barca, *La vida es sueño*, vv. 627–630)

[146] *Febo* es un apodo o epíteto del dios Apolo en la mitología clásica. Probablemente su significado original era "brillante". Los poetas clásicos latinos también aplicaban el apodo Febo al dios sol, de ahí las referencias comunes en la poesía europea posterior a Febo y su carro como una metáfora del sol.

[147] *Gavia*: "una como garita redonda que rodea toda la extremidad del mástil del navío y se pone en todos los mástiles, y cada una toma el nombre de aquel en que está. Sirve para que el grumete puesto en ella registre todo lo que se puede ver del mar" (*Aut.*).

[148] *República errante*: Comp. *Cada uno con su igual*, Calderón.

[149] *Carrera*: se refiere a la Carrera de Indias, el conjunto de rutas que unieron Castilla con sus virreinatos americanos. Su estructura fundamental estaba compuesta por dos convoyes que combinaban la marina mercante y la marina militar: las flotas de Nueva España y los galeones de Tierra Firme. Las flotas unían España con el virreinato de México, mientras que los galeones se dirigían a Panamá y Nueva Granada, conectando a través de estos territorios con el corazón del virreinato del Perú.

a dorar el cénit, tachón hermoso,
y a uno y otro horizonte generoso,
las hebras repartir de su guedeja[150],
encendida madeja,   360
que al orbe vivifica
metales y vivientes multiplica[151].
Y se dejó mirar a mayor luz,
cada instante mejor, la Vera-Cruz[152]:
fortificado puerto,   365
que, por la parte del oriente abierto,
la entrada ofrece por canal deshecho,
de la Europa a las naves. Aquí el pecho
es fuerza, que del susto lastimado,
dé de sobresaltado   370
reseña, al combatirle la memoria
con un duro pasaje de esta historia.
Pues no bien asistidos
del práctico[153] y de diestro conducidos
por la ceñida boca, que dentada   375
de duros riscos amagaba armada,
con una y otra punta la cuchilla,
que sus aguas rasgó de nuestra quilla,
cuando el fiero Aquilón[154], rompiendo el muro
en donde a buen seguro   380
la cárcel de Eolo le tenía encerrado,
y de furor de cruda saña armado,
palos, jarcia y velamen castigaba,

---

[150] *Guedeja*: "el cabello que cae de la cabeza a las sienes, de la parte de adelante".

[151] Descripción de un amanecer mitológico en clave metafórica, donde el sol es la "lámpara del día" que deja atrás la oscuridad de la noche en una "verde tumba fría".

[152] En el *Diario* de Castro Santa Anna se recoge la noticia de la llegada al puerto el 30 de septiembre: "noticia que condujo a este reino la llegada al puerto de Veracruz el día 30 del próximo pasado, en dos navíos de guerra que salieron de Cádiz el 6 de agosto con el Exmo. Sr. Teniente general D. Agustín de Ahumada, marqués de las Amarillas, electo virrey de este reino, y la Exma. Sra. su esposa y un hijo pequeño, con la crecida familia de ochenta y una personas, entre las cuales viene de su secretario D. Felipe Caballero y un alcalde de corte para esta audiencia, con plaza de supernumerario deudo de S.E.; asimismo viene acompañándole el Sr. D. Antonio de Rivadeneira, electo fiscal del crimen de ella" (tomo V, pp. 167-168).

[153] *Práctico*: "vale también experimentado, versado y diestro en alguna cosa" (*Aut.*).

[154] *Aquilón*: en la mitología romana es el dios de los vientos septentrionales (del norte), fríos y tempestuosos.

irritado a crujir los obligaba.
Arriar se manda, a escasa vela queda   385
la marina arboleda,
mas del susto no cesa la fatiga,
que del viento la furia da enemiga,
por instantes más creces al cuidado
contra el vaso irritado,   390
que a arbitrio de su cólera terrible,
se ve en las ondas máquina fluxible[155].
Allí, amiga del alma,
el pecho opreso, el corazón en calma,
a todo el que me viera,   395
sin duda alguna vincular pudiera
la placidez funesta a mis mejillas,
el título más propio de Amarillas[156].
De esta suerte, mis sustos respirando,
por Escila y Caribdis[157] caminando,   400
desembocar en la bahía pudimos.
Gracias al cielo dimos
y de Ulúa[158] la gran fuerza saludamos,

---

[155] El *Diario* de Castro Santa Ana no relata ningún contratiempo al sondear la bahía de Campeche, pero en este pasaje (vv. 373–392) los versos parecen aludir a una llegada accidentada por el viento. El episodio también podría responder a una licencia con la que la voz poética de la Virreina se dirige a su interlocutora para otorgarle mayor dramatismo épico al desembarco en Veracruz.

[156] A partir del apellido Ahumada de la Virreina, estos versos elaboran un juego de significados con el que evoca que sus mejillas, por lo arriesgado de la situación, más que rosadas son amarillentas y mortecinas, a juego con su título de marquesa de las Amarillas.

[157] *Escila y Caribdis*: son dos monstruos marinos de la mitología griega situados en orillas opuestas de un estrecho canal de agua, tan cerca que los marineros intentando evitar a Caribdis, terminarían por pasar muy cerca de Escila y viceversa. Mientras que Escila vivía en los acantilados, tenía doce patas y seis cuellos largos y devoraba a quien osara acercarse, Caribdis tragaba una gran cantidad de agua tres veces al día, para devolverla otras tantas veces, formando un peligroso remolino que absorbía todo cuanto estaba a su alcance. Aunque ambos destinos eran difíciles de superar, Circe aconsejaba pasar junto a Escila, ya que era preferible perder a seis hombres que el riesgo de perder a todos, que representaba Caribdis.

[158] *Ulúa* se refiere a la fortaleza de San Juan de Ulúa.

cuyos cañones[159] luego que avistamos
su respectiva frente,   405
lo habían ya executado urbanamente.
Aquí el Asia[160] y Bizarra[161], dos navíos
de experimentados bríos,
a quienes fía su aliento
la escuadra militar de Barlovento,   410
al instante que anclados nos conciben,
con idioma de fuego nos reciben.
No bien nos vio seguros
la varia multitud, que de los muros
de la ciudad atenta,   415
en cada braza[162] nuestro riesgo cuenta,
cuando obsequiosa, humilde, reverente,
su distinguida gente
-nobleza, regidores, oficiales,

---

[159] Sobre las salvas militares en el recibimiento, comenta García Panes en su *Diario*: "Desatracado del navío el bote en que va el virrey a la tierra, hace la escuadra el saludo con el cañón, siguiendo el del castillo de San Juan de Ulúa. Los baluartes de la plaza hacen su correspondiente saludo de 15 tiros luego que el virrey desembarca en el muelle, y al mismo tiempo tiene lugar el repique general de campanas en toda la ciudad (p. 73).

[160] Se ordenó su construcción junto al navío San Fernando en el astillero de Ferrol a partir de agosto de 1749, por el sistema de construcción de Jorge Juan. Resultó un buque más pequeño de lo previsto y con mucho retraso en su ejecución. Fue botado el 17 de marzo de 1752 y armado con 64 cañones. Su primera travesía la realizó en 1752 al puerto de Cádiz, zarpando rumbo a las islas Azores a esperar al navío Fuerte, que llegaba con caudales de América, entrando los dos navíos en Cádiz el 20 de septiembre. En el año 1756 zarpó de Veracruz y de La Habana en dirección a Cádiz, en conserva de los navíos América y Fuerte, los paquebotes Júpiter y Mercurio y el aviso del consulado San Antonio, entrando en Cádiz el 6 de agosto de 1756 con un total a bordo de 8.460.659 pesos, https://www.todoavante.es/index.php?title=Asia_(1752)

[161] Se ordenó su construcción en enero de 1738, siendo el encargado de las obras el asentista don Juan de Acosta. Botado el 13 de marzo de 1739, sustituyó al navío San Jerónimo en las misiones en la Armada de Barlovento. Era una fragata de dos puentes con 60 codos de quilla. Una vez incorporado a la escuadra de La Habana tras la disolución de la Armada de Barlovento, realizó numerosas comisiones de traslado de pertrechos entre La Habana y Veracruz (https://www.todoavante.es/index.php?title=Bizarra).

[162] *Braza*: "medida de tanta longitud como la que pueden formar los dos brazos de una persona abiertos y extendidos, que comúnmente se regula por de seis pies de largo. Viene de la palabra Brazo" (*Aut.*).

tanto de la milicia como reales-,   420
con gentil traje y denodado brío
entran en el navío,
y a porfía cada cual da en su embajada,
el parabien de la feliz llegada[163].
La tierra apetecida,   425
que a gozarla cuanto antes nos convida,
el desembarque ofrece.
Cada momento la impaciencia crece,
la América[164] hasta entonces acogida,
por días cincuenta y seis de nuestra vida[165],   430
la mira ya con tedio nuestra gana,
por gozar de la tierra americana,
y el Asia, cuyo bote nos espera,
nos traslada gustoso a su ribera,
seguida de una y otra mi falúa[166],   435
entre otra salva de San Juan de Ulúa.
Serían las cinco de la tarde, cuando
a su muelle atracando,
desamparadas sus pequeñas quillas,

---

[163] García Panes anota en su *Diario*: "Al muelle sale el Gobernador y la Ciudad va bajo mazas, haciendo la ceremonia de presentar el Gobernador a Su Excelencia en una bandeja las llaves de la ciudad" (p. 73).

[164] Comenzó su construcción en el arsenal de La Habana en el verano de 1735 como proyecto del constructor don Juan de Acosta, construido con el sistema de Gaztañeta. Armado con 64 cañones, fue botado el 21 de enero de 1736. Su nombre del Santoral era "Nuestra Señora de Belén". En 1736 fue destinado a la Flota de Nueva España a cargo de don Manuel López Pintado. Sustituyó al navío San Luis, capitana de La Flota, al quedar éste en La Habana. El 5 de septiembre de 1755 zarpó de Cádiz rumbo a Veracruz al mando del capitán de navío don Francisco de Lastarría, con el marqués de las Amarillas y su séquito de 81 personas, siendo escoltado por los navíos Dragón e Infante, al mando del jefe de escuadra don Blas de Barreda. Hicieron escala en Las Palmas de Gran Canaria y en La Habana, llegando a Veracruz en noviembre de 1755. Regresó a Cádiz desde Veracruz y La Habana el 6 de agosto de 1756 con los navíos Asia y Fuerte, los paquebotes Júpiter y Mercurio y un buque de aviso, https://www.todoavante.es/index.php?title=America_(1736).

[165] Se refiere a la duración exacta del viaje.

[166] *Falúa o faluca*: "embarcación pequeña que tiene solo seis remos y ninguna cubierta" (*Aut.*).

llegamos a saltar en sus orillas,   440
y entre uno y otro cortesano brazo,
nos recibió la tierra en su regazo.
De la ciudad entonces los esmeros
nos aguardaba allí con sus maceros,
cuando en su puerta la atención nos llama   445
Crespo[167], el gobernador, y su madama[168].
Esta es, amiga, aquella camarista[169]
de todos tan bien vista,
que de gracia y belleza en el espacio
distinguió a la Palacios[170] en palacio.   450
En su coche montamos
y a su palacio nos encaminamos,
yo con mis damas[171], mientras mi marido,
solemnemente siendo recibido

---

[167] Francisco de Crespo y Ortiz, natural de Madrid e hijo de don Bartolomé Crespo, secretario y consejero del Rey, y de doña Inés María Ortiz, camarista de Mariana de Austria. Era oficial del regimiento de Guardias de la Infantería Española, Capitán y después brigadier. Ingresó en la Orden de Calatrava, fue Gobernador de Veracruz hasta 1763 y después de Lleida, en España. Su hermano, Juan Manuel Crespo y Ortiz, era Caballero de la Orden de Calatrava y secretario de la Cámara del Consejo de Indias (*Escritos autobiográficos y Epistolario de José de Cadalso*, ed. Nigel Glendinning y Nicole Harrison, London, Tamesis, 1979, p. 228).

[168] *Madama*: "voz Francesa y título de honor, que vale lo mismo que Señora y se da a las mujeres nobles puestas en estado, la cual se ha usado en España en el mismo sentido para nombrar a las señoras extrangeras. Hoy lo usan algunos en el trato cortesano con las mujeres" (*Aut.*).

[169] *Camarista*: "la criada que asiste cerca de la persona de la reina, llamada así por que está continuamente en la cámara" (*Aut.*). A pesar de que la madre de Francisco Crespo sabemos que era camarista de Mariana de Austria, no hemos encontrado datos sobre la esposa del gobernador, de la que se destaca su papel como camarista de corte.

[170] *Palacios* podría ser el apellido de la esposa de Crespo. Aunque no tenemos la certeza, esta sería la razón del juego de dilogías al hacer referencia a la belleza de Palacios, sin parangón en palacio.

[171] Sobre este protocolo anota García Panes: "Con esta y la comitiva entra el virrey, encontrando desde la Puerta del Muelle hasta la parroquia principal y hasta el palacio de las casas capitulares o de aquella en que esté dispuesta su morada, toda la tropa de la guarnición [en orden de] batalla. Si va virreina, esta señora toma el coche en la Puerta del Muelle, y con dos de las señoras diputadas para el cumplido (si no hay Gobernadora) se va en derechura donde está dispuesto su hospedaje" (pp. 73–74).

en la iglesia mayor por todo el clero[172],   455
no perdonó ceremonial su esmero.
Después fue conducido
del acompañamiento más lucido
en que ostentó su afecto cortesano,
el noble, el religioso, el ciudadano,   460
de quien Crespo cabeza,
manifestó por todo su nobleza,
en las más obsequiosas expresiones.
De su orden los formados escuadrones,
de una y otra arreglada compañía   465
de aquella guarnición, con bizarría
militar, al honor satisfacieron
de la buena doctrina que tuvieron.
El regalo, el cortejo, los primores,
que de aquestos señores   470
todos en su hospedaje recibimos,
mientras en Veracruz nos mantuvimos,
no sabré ponderar, pues en su porte
nada tuvo que estrañase alguna corte.
Catorce días aquí nos detuvimos[173],   475
al cabo de los cuales nos pusimos
en marcha, acompañados
de todo lo primero y escoltados
de la tropa precisa,

---

[172] En el *Diario* de Panes se lee: "Desde la entrada de la ciudad, el virrey con el Ayuntamiento
y comitiva por medio de la valla, se dirige a la parroquia principal en coche o a pie,
que ha sido lo más común, pues hay poco trecho. Fuera de la puerta de la iglesia le
recibe el Preste con capa pluvial y el Clero con sobrepellices, que presenta el palio a
Su Excelencia, ceremonia que se practica en todas las iglesias del camino cuantas visita
en las ciudades y demás pueblos" (p. 74).

[173] Según consta en el *Diario* de García Panes, esa es la costumbre: "En Veracruz se detiene
el virrey quince días por lo menos y algunos han estado más tiempo como el Conde
de Revillagigedo" (pp. 75–76).

que forma de Dragones[174] la divisa.   480
Por entre los honores repetidos,
que ya en las armas, ya en los estallidos,
todo soldado y artillero parte,
la disciplina a medias con el arte.
De esta suerte salimos   485
y la marcha emprendimos,
unos en coche y otros en caleza[175],
hasta que la aspereza
a leguas dos, que su distancia mide,
a fuerza nos despide   490
de la veracruzana comitiva
y hace que otro carruaje se aperciba[176].
Es este una litera
de dos mulas tirada a la ligera,
que la una por detrás, la otra delante,   495

---

[174] *Dragones*: soldados que, desde mediados del siglo XVI hasta principios del XIX, combatían como caballería (generalmente al ataque) e infantería (a la defensiva normalmente). En el *Diario*, García Panes da cuenta de este séquito: "También se ve precisado detenerse en Veracruz cuando llega de España, por esperar a que el actual virrey dé las debidas providencias para el recibo de su sucesor y la posible comodidad en los tránsitos, acordando entre ambos el itinerario del recorrido hasta el día en que deben encontrarse uno y otro para la entrega del bastón o del mando, y dar tiempo a que todo se disponga y bajen a Veracruz las gentes que tienen que acompañar al virrey por razón de sus empleos y la Compañía de Dragones que ha de seguir en la marcha al nuevo virrey" (p. 76). Sobre la composición precisa: "El actual virrey manda bajar a Veracruz para la escolta de su sucesor una compañía completa de dragones con su Capitán, Teniente y Alférez y Tambor" (p. 81).

[175] *Calesa*: "un medio coche con un asiento en que caben dos personas, puesto sobre dos varas y con dos ruedas, el cual tira una mula o caballo, puestas las puntas de las varas sobre la silla. Es voz tomada del francés Caleche" (*Aut.*).

[176] Como refiere García Panes, se trata de la litera que ofrece el obispo de Puebla, aunque el trayecto resulta muy incómodo por no estar allanado. De ahí que la virreina confiese después sus mareos: "A Veracruz baja el Caballerizo o persona allegada del Obispo de la Puebla de los Ángeles a cumplimentar al nuevo virrey, llevando una hermosa litera para Su Excelencia, dejando en el pueblo de Las Vigas un coche conveniente, pues hasta aquel paraje no transitan carruajes desde Veracruz sino con suma incomodidad y riesgo por lo penoso y quebrado del camino, como lo verá el mismo virrey, y después sabrá la causa por qué el camino no está allanado y en qué se ha invertido el caudal crecido que ha pagado y paga el pueblo para su efecto. Si va virreina es lo corriente que ocupe en el recorrido la litera del Obispo de la Puebla" (p. 79).

llevan a todo paso al caminante
metido en un cajón[177], cuyo desgaire[178]
carga toda la máquina en el aire,
en un continuo horrible bamboleo[179],
que me causó muchísimo mareo.   500
A otra legua distante,
se nos puso delante
una compañía de indios muy ufana,
de Veracruz La Antigua miliciana[180].
A media legua[181] su gobernador   505
la obediencia nos dio mucho mejor,
con la rodilla en tierra,
un memorial que el cumplimiento encierra
y de flores un ramo. A poco trecho,
el Alcalde Mayor vino derecho,   510
y con su escribano prevenido,
nos hizo por escrito su cumplido[182].
Llegamos de un río grande a las orillas,

---

[177] *Cajón*: en América ataúd (*DRAE*).

[178] *Desgaire*: "desaliño, desaire en el manejo del cuerpo y en las acciones, que regularmente suele ser afectado" (Aut.).

[179] *Bamboleo*: "movimiento violento a un lado y otro, con el cual se menea alguna cosa, ya sea voluntariamente o impelida" (*Aut.*).

[180] *Milicias Veracruz*: "A partir de la segunda mitad del siglo XVIII, en la medida en que se afianzaba el modelo de defensa militar borbónico y la franja costera del Golfo de México era visitada una y otra vez y descrita por los oficiales militares, la provincia de Veracruz se hizo visible [...] A lo largo del periodo colonial, la principal defensa de la Nueva España no dependió del ejército permanente, sino de las fuerzas milicianas integradas por afromestizos y uno que otro blanco, mestizo o indígena desarraigado de su pueblo y asentado en la tierra caliente de Veracruz", Juan Ortiz Escamilla, "Las compañías milicianas de Veracruz. Del "negro" al "jarocho": la construcción histórica de una identidad", p. 9.

[181] En el *Diario* de García Panes se describe la secuencia: "Una legua antes de llegar a La Antigua, salen al camino los Gobernadores de indios de aquellos distritos, que parándose el virrey los recibe con el mayor agrado y humanidad, y toman las flores y suchiles que le presentan, que son unos ramos y rosarios también de flores, haciendo lo mismo con la virreina y tocando los indios con instrumentos rústicos, ceremonial que continúa en toda la carretera" (pp. 86–87).

[182] Así consta en el *Diario* de García Panes: "Ya inmediato al pueblo de La Antigua sale a recibirle el Alcalde Mayor, el Cura y demás. Pásase aquel río en barca y se dirige el virrey a la parroquia, donde el Cura le recibe con el ceremonial que se dijo en Veracruz" (p. 87).

en donde muchos indios en cuadrillas,
y un clérigo que dicen ser su cura,   515
mientras este obsequio se apresura,
nos pusieron los indios tres rosarios
de varias flores y colores varios,
con un ramo exquisito,
llenando con su música[183] el distrito[184].   520
Estaba allí un lanchón[185] bien equipado,
y en él el río pasamos, embarcado
en canoas que para ello prevenía,
todo el concurso que detrás venía.
A la opuesta ribera   525
la gente de la Antigua[186] nos espera,
pequeña población que destrozada,
sombra es de Veracruz la celebrada.
Bien dispuesto el aliño de una casa[187],
si de vivienda escasa,   530
abundante de todo lo preciso,
hospedaje nos hizo.
Tierra fértil de todo abastecida,
cuanto el deleite tributó a la vida:
carnes, aves y peces,   535
hierbas, verduras, frutas, flores, mieses,
cuanto ofrece Pomona en sus jardines,

---

[183] Así describe la música García Panes: "tocando sus chirimías e instrumentos" (p. 87).

[184] *Distrito*: "la extensión, espacio o término de alguna provincia, y generalmente cualquier espacio de tierra" (*Aut.*).

[185] *Lanchón*: "embarcación pequeña para atravesar los ríos, y, en el mar, para pescar y para otros servicios" (*DRAE*).

[186] *La Antigua*: En 1525 la Villa Rica de la VeraCruz fue trasladada al sitio conocido actualmente con el nombre de La Antigua, donde permaneció hasta 1600, año en el que se asentó en el lugar que ocupa actualmente y al lugar casi abandonado donde se había asentado; a partir de entonces se le llamó La Antigua, para diferenciarla de la Nueva VeraCruz. Se localiza a 28 kilómetros del Puerto de Veracruz. En este lugar existió un pueblo prehispánico denominado Huitzilapa. Aquí estuvo asentada la ciudad de Veracruz durante la mayor parte del siglo XVI, antes de establecerse de manera definitiva en su actual ubicación; de ahí que por mucho tiempo se conociera a este sitio como "Vera Cruz Vieja" y más tarde como La Antigua (https://veracruz.mx/destino.php?Municipio=16).

[187] La sencillez de la posada en La Antigua también la señala García Panes: "la casa de su morada, que procura el Alcalde Mayor tenerla compuesta y adornada conforme permite la disposición de aquellas casas de madera" (p. 87).

Vertumno[188] extender quiso a sus confines.
Pero allí los mortales
viven sujetos a pensiones[189] tales,　　　　　　　　　　540
que si bien se averigua
con garrapata y nigua[190],
al que allí se quisiere avecindar,
no faltará en su vida que rascar,
y a más unos demonios de mosquitos,　　　　　　　545
sancudos[191], roedores, gegenitos[192],
que antes que por su cuerpo descubrirlos,
su molesto aguijón[193] hace sentirlos.
Sin recurso siquiera,
porque poblada de ellos la atmósfera,　　　　　　550
para cada accesión[194] que se retira,
un infinito de ellos se respira.
Y esto, con tal calor y tal tormento,
que, a vista de todo esto, el pensamiento
ser muy bien imagina　　　　　　　　　　　　555

---

[188] La historia de amor entre Vertumno y Pomona muestra un final feliz en las *Metamorfosis* de Ovidio, en el libro XIV (622–771): Pomona, diosa de la fruta y de los árboles frutales, aparece con Vertumno, que después de cortejarla como anciano, se le revela en su forma original como un apuesto joven.

[189] *Pensión*: "metafóricamente se toma por el trabajo tarea, pena o cuidado, que es como consecuencia de alguna cosa que se logra, y la sigue inseparablemente" (*Aut.*).

[190] *Nigua*: "especie de pulga pequeñita indiana, que como ladilla se pega, especialmente a los pies, e introduciéndose entre cuero y carne, pica, desazona y molesta fuertemente, y allí hace su nido y produce su cresa en una como bolsilla, por lo cual es necesario sacarla con gran sutileza y tiento, porque si se revienta y deja sus cresas, se multiplica increíblemente, y hace casi irremediable su curación. Suelen valerse para remedio desto de la ceniza de la hoja del tabaco, aplicada caliente cuanto se pueda sufrir" (*Aut.*).

[191] *Sancudos* se refiere a los zancudos, el nombre americano para los mosquitos.

[192] *Gegenito*: *hlebotomus papatasi* es una especie de díptero nematócero de la familia *Psychodidae* (subfamilia *Phlebotominae*), similares a los mosquitos comunes, pero de menor tamaño. Es el principal vector de *leishmaniasis* en el Viejo Mundo. Prefieren lugares de alta humedad (45 a 70 %). Ponen sus huevos en cuevas de roedores, otros refugios de animales o en grietas o rincones oscuros de construcciones humanas.

[193] Diego García Panes escribe que "es un pasaje escaso de alojamientos y tan acosado de calor y mosquitos como La Antigua" (p. 88).

[194] *Accesión*: "modo de adquirir el dominio, según el cual el propietario de una cosa hace suyo, no solamente lo que ella produce, sino también lo que se le une o incorpora por obra de la naturaleza o por mano del hombre, o por ambos medios a la vez, siguiendo lo accesorio a lo principal" (*DRAE*).

el virreinato aquel de Proserpina[195].
De aquí salimos a la Rinconada[196],
distante a siete leguas, y adornada
una barraca con ramaje y flores,
nos defendió del cielo los ardores.   560
Muy bien allí comimos
y a las tres de la tarde proseguimos
a la Venta del Plan, el derrotero.
Aquí nos hospedó muy placentero,
con obsequio exquisito,   565
el Alcalde Mayor de aquel distrito,
que a Jalapa le toca. Al otro día,
cuando Febo salía,
a este lugar marchamos,
que distante ocho leguas, a él llegamos,   570
cerca ya de las tres, donde cansados,
con mil esmeros fuimos hospedados.
Durándonos seguidos cuatro días
que allí estuvimos, las cortesanías
de su Alcalde Mayor, cuyas acciones   575
no escusaron ningunas profusiones[197].
El día veinte comimos en las Vigas[198],
con no pocas fatigas,

---

[195] *Proserpina* es una diosa cuya historia es la base de un mito de la primavera. Es la equivalente en la mitología romana a la diosa griega Perséfone. Proserpina fue subsumida por el culto de Libera, una antigua diosa de la fertilidad, esposa de Liber. Es una deidad de vida, muerte y resurrección y la esposa de Plutón.

[196] *Rinconada* es un pequeño pueblo de Veracruz, cercano a Xalapa. Este lugar es famoso por la elaboración de las «garnachas».

[197] La estadía en Jalapa se describe en el *Diario* de García Panes como un lugar ameno, espacio frondoso y de clima benigno: "En Jalapa algunos virreyes se han detenido tres o cuatro días como por descanso, y allí llega a encontrar a Su Excelencia uno de los dos Secretarios de Gobierno que baja de México, [a] acompañar a Su Excelencia y ejercer sus funciones en lo restante del camino. También llega allí el Caballerizo del virrey actual a ofrecer uno de los mejores coches al uso con su lucido tren" (p. 89). La visita del caballerizo y el ofrecimiento de una nueva litera se nombra en el siguiente pasaje (vv. 581-585).

[198] *Las Vigas de Ramírez* se encuentra localizado en el estado de Veracruz. Es uno de los 212 municipios de la entidad y tiene su ubicación en la zona centro del estado.

que a más de la aspereza en la jornada[199],
ocasionó una lluvia continuada.   580
Allí, el caballerizo[200]
del virrey que acababa[201], [ofrecer][202] quiso,
con un buen cumplimiento de su parte,
una muy linda estufa[203] hecha en toda arte,
con todo su servicio.   585
Obsequio que propicio
imitó, liberal y cortesano,
señor don Pantaleón[204], pastor poblano,
en otra igual carroza
en todo primorosa,   590
que con tres coches que el marqués de Herrada[205]

---

[199] Sobre la dureza de este tramo de viaje, comenta García Panes, que algunos coches se quedan en Las Vigas "por lo intransitable e incómodo de aquel camino para ruedas y la penosa cuesta del Soldado y del Mal País, aunque algunos señores virreyes han seguido en coche desde Jalapa sufriendo la incomodidad" (p. 90).

[200] *Caballerizo*: "oficio que hay en las casas de los Reyes, Príncipes y Grandes señores, el cual es de escalera arriba. Su encargo y cuidado es el de los caballos y mulas, y velar para que los traten bien en su sustento y aseo, y por esto manda a los cocheros y gente de la caballeriza: y también tiene la incumbencia en los coches: y porque su ocupación se dirige a la caballeriza, tomó de allí el nombre" (*Aut.*).

[201] *Perote* es el nombre de la ciudad cabecera del municipio homónimo, ubicada en el estado de Veracruz.

[202] Añadido necesario por el sentido y que además completa la medida del endecasílabo.

[203] *Estufa*: "se llama asimismo un género de carroza grande cerrada por todas partes, y con las puertas dispuestas de modo que cerrándolas no puede fácilmente entrar el aire, y la luz le entra por los vidros cristalinos que se ponen en ellas y en la parte anterior. Dijose Estufa por analogía, respecto de estar cerrada y abrigada" (*Aut.*).

[204] Domingo Pantaleón Albarez de Abreu (1743–1763), obispo de Puebla, que también ofrece a los nuevos virreyes un coche para el tramo de viaje hasta la ciudad de México: "[en Las Vigas] están prontos todos los coches, con el del virrey actual y el del Obispo de la Puebla de los Ángeles, y atendiendo a recibir uno y otro obsequio. Cuando va virreina usa de uno de estos dos coches, con dos damas al vidrio, y el virrey en el otro" (p. 90).

[205] Se trata del marqués de Rada. En el *Diario*: "que cuando fue el marqués de las Amarillas era Teniente de Chanciller el marqués de Rada, llevando costeado por la Real Audiencia tres coches apropiados de camino destinados para servicio de la familia del nuevo virrey" (p. 90). Se trata del marquesado de las Torres de Rada con el vizcondado previo de Santa Gertrudis, un título nobiliario español creado por Felipe V el 22 de abril de 1704, con carácter hereditario, a favor de don Francisco Lorenz de Rada, Caballero de Santiago y maestre de Campo, capitán y teniente de general en la infantería española. Posteriormente, Corregidor y Gobernador de Veracruz y Real Canciller Mayor de las Indias.

allí nos trajo, con la bien llegada
de parte de la Audiencia,
a pompa redujeron la decencia.
A Perote[206] vinimos,   595
distante cuatro leguas, donde hicimos
mansión la noche, siendo la jornada
a población nombrada
Tepeyahualco[207], la del día veintiuno.
Allí nos alcanzó uno   600
de los dos secretarios de Gobierno,
y con las muestras de un amor paterno,
Agustín recibió [a] los diputados,
que llegaron enviados
de la Villa y la Puebla. El mismo día,   605
antes que la funesta sombra fría
de la tiznada noche,
desuncidos[208] del coche
del hijo de Latona[209], los dos briosos

---

[206] Sobre Perote cuenta el *Diario*: "[…] algunos virreyes se han detenido allí un día, después que se construyó en su inmediación la Real Fortaleza de San Carlos, finalizada el año 76, para tener tiempo de verla toda e informarse del objeto a que puede servir, como también su buena Sala de Armas, única que hay en todo el Reino, y la guanición que tiene" (p. 92).

[207] Tepeyahualco es uno de los 217 municipios que conforman al estado mexicano de Puebla. Las ceremonias en esa localidad las resume con detalle García Panes: "Saliendo del pueblo de Perote por la mañana pasaban los virreyes a comer al pueblo de Tepeyahualco, distante 6 leguas cortas, camino llano y bueno, jurisdicción del Alcalde Mayor de Los Llanos, que es quien hacía el gasto y obsequio. En Tepeyahualco se presentaban a cumplimentar a Su Excelencia los Diputados del Cabildo Eclesiástico y de la Ciudad de la Puebla de los Ángeles, como también los de las villas de Orizaba y Córdoba, cada uno bajo mazas, entrando en la sala dispuesta para el recibimiento cada cuerpo por su clase y preferencia, y sentados ambos disputados frente a la silla del virrey hacen su corta arenga, en cuyos términos les responde Su Excelencia, y despidiéndose en clase de cuerpo, después, como particulares, quedan acompañando al nuevo virrey en la mesa, y siguen hasta el término que tienen señalado" (p. 94).

[208] *Desuncidos*: "participio pasado del verbo desuncir. Lo así desatado o quitado del yugo" (*Aut*).

[209] *Latona* en la mitología romana es la diosa equivalente a la griega Leto. Es una hija de los titanes Ceo y Febe y, en el panteón olímpico, madre con Zeus de los mellizos Apolo y Artemisa. Con su hermana Asteria, fue venerada como diosa de la noche y alternativamente de la luz del día.

Etón[210] y Flegetonte[211], y perezosos   610
en la gruta la fiera o en el nido
el pájaro, yacieran sin sentido,
a la otra hacienda[212] fue nuestra venida,
por la de los virreyes conocida.
En ella te aseguro de que hubieras   615
tenido un grande rato, cuando vieras
el baile, que a su usanza
nos tuvieron los indios[213], una danza
de tan buen gusto, de donaire tanto,
que, no te cause espanto,   620
no le va a deber nada
a la más celebrada,

---

[210] *Etón*: en la mitología griega, Etón, el Águila del Cáucaso o el Águila de Prometeo, es un águila gigante nacida de los monstruos Tifón y Equidna. Como castigo por robar el fuego del Monte Olimpo, Zeus mandó encadenar a Prometeo a una columna de las montañas del Cáucaso, donde Etón le devoraba el hígado durante el día, mientras que por la noche se regeneraba. El tormento duró hasta que Heracles mató al águila y liberó al condenado.

[211] *Flegetonte*: en la mitología griega, el Flegetonte o Piriflegetonte es uno de los cinco ríos del Hades, junto con Estigia, Lete, Cocito y Aqueronte. Es un afluente del Aqueronte, y se le considera un río de menor importancia que el Cocito. Por él corría fuego que ardía pero que no consumía combustible alguno. En la *Divina comedia* (canto XIV) el Flegetonte estaba compuesto de sangre hirviendo y formaba parte del séptimo círculo del Infierno, conteniendo las sombras de los tiranos, los asesinos, los ladrones y los culpables de pecados relacionados con la violencia hacia los semejantes. Virgilio menciona al Flegetonte con los otros ríos infernales en la *Eneida*, libro VI, 265, 551.

[212] Es la hacienda de los virreyes que anota el *Diario* de García Panes: "A la tarde seguían su marcha de Tepeyahualco a dormir a la hacienda nombrada de los virreyes, que es de la misma jurisdicción y tránsito, poco más de 3 leguas, todo de buen camino. Créese que el nombre de dicha hacienda lo trae desde la antigüedad por haberse hospedado allí los virreyes" (p. 94).

[213] García Panes describe también el festejo: "Aquella noche tenían un festejo, muy particularmente para los recién llegados de España que no han estado en aquel Reino. Era una danza dispuesta por los indios e indias de la jurisdicción, vestidos primorosamente y adornados con plumajes, sonajas, arpa y los instrumentos que usan bailando según la costumbre antigua que siempre conservan, y es digno de ver la modestia y agilidad de sus bailes, siendo consecuente que después Su Excelencia haga con aquellos leales vasallos una corta demostración de franqueza" (pp. 94–95).

ya la de la antigüedad las convivales[214].
Militares, sagradas o teatrales
se traigan a la cuenta,   625
o las que hoy en día inventa
en las cortes el arte más limado[215],
en lo bien ajustado
de las mudanzas[216] con el instrumento,
la variedad de lazos[217], el aliento   630
del manejo del cuerpo, el gesto grave,
completo cuanto en la materia cabe.
El veintidós salimos
para Quapiastla[218], pueblo en que comimos,
y a Guamantla[219] pasamos,   635
donde la noche de él nos hospedamos[220].
Y al veintitrés, después de que la Aurora,
cual del sol precursora,
tendió el tafetán rojo al horizonte,
con que cubre el penacho al alto monte,   640
y con fresco rocío

---

[214] *Danza convival*: el adjetivo convival designa a lo relativo a un banquete o convite (http://etimologias.dechile.net/?convival).

[215] *Limado*: participio de Limar, en el sentido de "perfeccionar, pulir, emendar y dar la última mano a las obras del ingenio" (*Aut.*).

[216] *Mudanza*: "se llama tambien cierto número de movimientos que se hacen en los bailes y danzas, arreglado al tañido de los instrumentos" (*Aut.*).

[217] *Lazo*: "cada uno de los enlaces artificiosos y figurados que se hacen en la danza" (RAE).

[218] *Quapiastla* se refiere a Cuapiaxtla, una población del estado mexicano de Tlaxcala. Situada al oriente del estado, es cabecera del municipio del mismo nombre.

[219] *Guamantla* se refiere a Huamantla, la ciudad principal y cabecera del municipio de Huamantla, perteneciente al estado de Tlaxcala.

[220] En el *Diario* García Panes también precisa: "Al día siguiente pasaron de la hacienda de los Virreyes a comer al pueblo de Coapiastla, distante como 5 leguas y donde empieza la jurisdicción de Tlaxcala, siguiendo a la tarde a dormir al de Huamantla, de la misma jurisdicción, y viaje como de 4 leguas. Huamantla es un pueblo muy grande y antiguo que en tiempos anteriores fue su población muy numerosa y de mucha industria por el trabajo de toda pieza de hierro y acero. Pero hoy día está bastante arruinado y despoblado, sucediendo lo mismo a varios pueblos de la comarca, dimanada esta decadencia desde que les quitaron la nao que todos los años venía del Perú con registro al puerto de Acapulco, dirigido al comercio de la Puebla de los Ángeles y sus provincias, de donde sacaban los peruanos muchos efectos de manufactura a cambio de sus riquezas" (pp. 95–96).

alma a la selva dio y al prado brío,
a marchar se aprontaron las carrozas
y dispuestas las cosas,
de los privilegiados t[x]lascaltecas,   645
ilustre sucesión de los tultecas[221],
a la ciudad el paso dirigimos.
Yo y mis damas partimos
al punto que llegamos
a sus canales, y nos hospedamos   650
en el palacio, mientras con la gente
que estaba a acompañarle diligente
en la pública entrada,
el virrey se quedó[222]. Ya la fachada
de las calles la vista prevenía   655
a la solemne pompa de aquel día.
Por una y otra acera,
recreo de la vista era
el matiz vario que entre sí formaban
las sedas y brocados que adornaban   660
ventanas y balcones,
llevándose tras sí las atenciones
del crecido concurso,
que por todo el discurso
de las calles vagaba, repartido   665
por donde se ordenó el paseo lucido
en la forma siguiente:
iban primeramente,
por sus antigüedades ordenados,
varios gobiernos de indios ordenados,   670
con especial decencia y bizarría

---

[221] *Tultecas* se refiere a los toltecas.

[222] Como precisa García Panes, en Tlaxcala se produce la primera entrada pública a caballo del virrey en honor a la alianza con Cortés: "[…] mísero y muy corto, pero memorable porque en él fue donde el invicto Capitán Hernán Cortés firmó las paces con la valerosa nación tlaxcalteca. Por esto ha sido la ciudad de Tlaxcala la primera en donde los virreyes hicieron sus entradas públicas a caballo, y como este ceremonial se ha hecho siempre con la mayor pompa y lucimiento, era preciso que a las once del día llegase el virrey a la inmediación de Tlaxcala, donde dejaba los coches para montar a caballo. Cuando ha ido virreina, esta sigue sin detenerse a apearse en el palacio o casas capitulares de la ciudad, para ver desde sus balcones la lucida entrada pública del virrey" (p. 96).

en su peculiar traje[223]; a estos seguía
de guión el paje[224], que iba caballero
en un galante bruto. Por su fuero,
con gravedad y gala,   675
la república noble de Tlaxcala;
los dos gobernadores por oficio,
de palafren[225] tomaron el servicio.
Y en un brioso caballo[226],
que el Betis[227] pudo para sí envidiallo,   680
mi querido Agustín. Aquí quisiera
que licencia me diera
la precisa objeción de apasionada[228],
para poder pintar la despejada
gala con que domaba al bruto, hinchado[229],   685
pienso que de mirarse tan honrado.
Seguía el caballerizo,

---

[223] La descripción se corresponde con la de García Panes: "A [los cuatro dragones de bati-
dores] siguen muchos gobiernos de indios, bizarramente vestidos a su uso antiguo, y
los trofeos, insignias o jeroglíficos que llevan sobre unos palos como pendones en que
se distinguen sus cabeceras o distritos, como también en las tilmas que llevan puestas
sobre el vestido, y son de algodón blanco bordado, de la misma materia el escudo de
armas y blasón de sus antiguas casas solariegas y nobles que conservan, los que lo
son, con el mayor cuidado, y los privilegios reales que para ello les han concedido los
Monarcas de España. Marchando así todos y tocando sus rústicos instrumentos, que
hace la más lucida vista" (pp. 96–97).

[224] La misma secuencia festiva es narrada por Diego García Panes: "sigue después de los
gobiernos de indios un paje del virrey que, a caballo, vestido de gala y acompañado
de dos lacayos con lucidas libreas, lleva el guión o estandarte" (p. 97).

[225] *Palafren*: "el caballo manso en que solían montar las damas y señoras en las funciones
públicas o para la caza, y muchas veces los Reyes y Príncipes, para hacer sus entradas"
(*Aut.*).

[226] Sobre la solemnidad de la escena a caballo describe el *Diario*: "Al marqués de las
Amarillas le pusieron un caballo que de su naturaleza era tordo, pero tan bien pintado
de azul celeste y tan bien rizado que admiraba a las gentes y únicamente con agua
caliente podía perder el color, una prueba de la habilidad de los americanos" (p. 98).

[227] Se refiere a la cuenca del Guadalquivir y, sobre la reconocida fama de sus caballos, son
muchos los testimonios: "Y por fin es cosa muy sabida de todos los célebres que han
sido siempre los caballos del Betis por su velocidad y brío en la carrera" (*Memorias de
la Real Sociedad Patriótica de Sevilla*, 1779, XXXXIV).

[228] La RAE recoge una acepción en desuso para el adjetivo de *apasionada*: "Partidaria de
alguien, o afecta a él".

[229] *Hinchado* en el sentido de presumido.

y del marcial clarín con el aviso,
el trozo militar, que bien formado
cerraba del paseo lo autorizado.   690
De esta suerte llegaron a la plaza,
donde valiente del pincel la traza,
en un arco triunfal[230] se descubría,
con exquisita vista y simetría.
Recitose la loa y el paso abierto   695
con el mismo concierto,
pasaron hasta apearse en la portada
de la parroquia, donde clausurada
la antigua ceremonia religiosa
de acción de gracias, dentro [de] su carroza   700
fue el virrey a palacio conducido,
en donde recibido
con la más obsequiosa bizarría,
admitió la visita y cortesía
de cabildos, de iglesias y seglares,   705
varios particulares
y buenas expresiones
de los prelados de las religiones.
Tres días[231] que allí tuvimos de demora,
no tuvimos una hora   710
sin especial obsequio: al de los toros,
de cristianos y moros[232],

---

[230] El *Diario*, además de recoger el detalle de la composición del arco, aporta la noticia sobre la performance, en la que destaca la marcialidad del movimiento de la puesta en escena con la obertura de las puertas: "estaba erigida una hermosa perspectiva de arco triunfal, pintadas en jeroglíficos las acciones ilustres del nuevo virrey, figurando las puertas cerradas mientras que desde un tablado hace el elogio en verso un sujeto instruido en ello, que concluida la arenga abren las puertas, entrando por ellas el virrey con comitiva y aclamaciones, que sigue así hasta el atrio de la iglesia mayor" (p. 99).

[231] El dato coincide con el *Diario* de García Panes: "donde permanece tres días después, esmerándose en obsequios los indios con muchos castillos de fuego y fiestas de toros. En uno de estos tres días suben a visitar el portentoso santuario de María Santísima de Ocotlán, que con justo motivo veneran allí sus moradores por patrona, y aunque la iglesia está sobre un cerro, se sube en coche hasta ella" (p. 99.)

[232] Alude a las fiestas de moros y cristianos, que se implantaron en América en el proceso de evangelización por los padres doctrineros. Véase A. Colomer Viadel (ed.), *América Latina, globalidad e integración I*, Madrid, Ediciones del Orto, 2012.

varios juegos se mezclaron,
en que destreza singular mostraron.
En el último día,   715
la imagen visitamos de María,
que con el nombre de Ocotlán venera
del famoso Zahuapam[233] la ribera.
El maestro Ronda[234] allí cantó la misa,
y aunque irme no quisiera tan aprisa   720
del oratorio sacro
de aquel bello devoto simulacro,
se hizo el volver preciso a la posada,
para hacer a otro día nuestra jornada,
que hicimos a la Puebla, donde atentos   725
a los más obsequiosos cumplimientos[235],
nos fueron a encontrar,
con el señor Obispo[236] y su auxiliar,
su muy docto cabildo respetoso,
y después que oficioso   730

---

[233] *Zahuapam*: "Aún se conservan las ruinas del primer convento que fundaron los religiosos Franciscanos, en la antigua ciudad de Tlaxcalam, las que todavía merecen alguna consideración a los naturales, y podrá hallar la curiosidad menos activa en las alturas de los cerros que circundan la ciudad nueva o de más reciente fundación, al rumbo del nordeste. Este paraje está hoy comprendido en los términos del Curato de San Nicolás Panotla por estar a la otra parte del río de Zahuapam, y es un punto desde donde tirando una línea al pueblo de Santa Isabel Xiloxuchutla, según Torquemada Xiloxostla, vendría a descubrirse muy a la inmediación del santuario que es hoy de N.S. de Ocatlam, y que fue antes capilla del glorioso mártir San Lorenzo", Vicente del Niño Jesús Suárez de Paredo, *Historia de la Santisima Virgen Maria, que con el titulo de Ocotlam se venera con todas las apariencias de aparecida en la nobilisima ciudad de Tlaxcalam, para cuya formacion ha tenido á la vista su humilde autor*, fol. 37–38.

[234] Seguramente se refiera a Miguel de Ronda, fraile, confesor de la Virreina, natural de Ronda y que ya participó en los festejos al santo de la Virreina durante la travesía en barco.

[235] Sobre la entrada en Puebla: "The cabildo and catedral chapter underestood that the way in which they feted the viceroy reflected on their patria chica. When debating how much to spend on the 1755 entrance of the Count of Amarillas, councilmen wanted to make sure the ceremony reflected Puebla's "opulent" image and lived up to the standard expected of New Spain's second city", Frances L. Ramos, *Identity, Ritual and Power in Colonial Puebla*, Tucson, The University of Arizona Press, 2012, p. 51.

[236] El obispo de Puebla, Domingo Pantaleón Álvarez de Abreu.

tan noble caravana[237] dejó absuelta,
para su iglesia catedral dio vuelta[238].
Yo, de ver el paseo con el destino
para palacio, dirigí el camino.
Dejando la carroza   735
el virrey, por la briosa
intrepidez de un bruto, que por pira
al monarca del día,
podía servir en el ardiente carro,
en él con singular aire y desgarro.   740
Siguió el paseo lucido
en el orden siguiente prevenido:
llevaban la vanguardia
cuatro dragones puestos a la guardia,
espada en mano, el guión y en seguimiento 745
de este; a pie todo el noble Ayuntamiento,
su regidor decano,
a la siniestra mano
guiaba el brioso bridón[239] al diestro lado,
con el Gobernador acompañado.   750
Tras del caballerizo de dragones,
con ricas municiones,
marchaba la vistosa compañía,
tras quien luego venía
de Velázquez, la escolta y ordenada   755
milicia, que seguía la deshilada[240].

---

[237] *Caravana*: "multitud de gente que se junta para hacer algún viaje con seguridad en Asia y otras partes, lo cual es muy común entre los turcos, moros, persas y otras naciones, cuando van a visitar el sepulcro de Mahoma su falso Profeta, y también para comerciar los mercaderes en las ferias de diferentes ciudades memorables, para lo cual se sirven de camellos y dromedarios" (*Aut.*).

[238] Así se cuenta también en el *Diario* de García Panes: "Antes de entrar el virrey a caballo en la ciudad, se presenta a cumplimentarle el Ilustrísimo Obispo y todo el Cabildo Eclesiástico a caballo, extraña antigualla, que después de un corto cumplido se va por distintas calles para disponerse a recibir a Su Excelencia en la puerta de la Catedral. Sigue el virrey su entrada pública a caballo, y como es tan grande la ciudad de la Puebla de los Ángeles y las calles tan rectas y anchas, todos los balcones ricamente colgados, hacía la más hermosa vista" (pp. 100–101).

[239] *Bridón*: "el que va a caballo a la brida, esto es en silla de borrenes o rasa, con los estribos largos, al contrario de la gineta, y así se dice buen bridón al que es diestro en manejar un caballo en este género de silla" (*Aut.*).

[240] *Deshilada*: "dicho de varias personas: que van desfilando unas después de otras" (*DRAE*).

En el arco triunfal mansión[241] hicieron,
en donde la loa[242] oyeron,
y franqueando la máquina[243], la puerta
siguieron por la brecha descubierta,   760
hasta llegar al templo majestuoso
de aquella Catedral, prospecto hermoso
que en bella arquitectura,
ápices mil al arte misma apura[244].
Confiese Rodas[245] el notable exceso,   765
con su cantado templo[246], calle Éfeso,

---

[241] *Hacer mansión*: "loc. verb. Detenerse en una parte" (*DRAE*).

[242] Dentro del ritual festivo es habitual que se recite la loa, en estos casos exenta, en cuyos versos se condensan las metáforas sobre las que se desarrolla el programa iconográfico de la bienvenida al virrey.

[243] *Máquina*: "artificio de madera o de otra materia para ejecutar alguna cosa" (*DRAE*).

[244] En el *Diario* de García Panes no se dice nada de la loa: "En la esquina del Palacio había otra portada fingida semejante a la que se ha referido de Tlaxcala, muy pintada de empresas y jeroglíficos, como que son muy sutiles poetas los poblanos. Desde aquella portada seguía el virrey con toda su comitiva a apearse en las escaleras del atrio de la Catedral, sobre cuya puerta estaba formada otra magnífica portada con distintos emblemas y versos latinos.
A la puerta de la Catedral salen a recibir a Su Excelencia el Ilustrísimo Obispo con sus pontificales a dar la bendición y el asperges al nuevo virrey, y el Venerable Deán y Caibildo, todos con capas pluviales presentando el palio, que manda retirar Su Excelencia, y entra en la iglesia del lado derecho del prelado hasta llegar al presbiterio al lado del Evangelio, donde tiene silla y sitial" (p. 101). La escena que se describe es la que se retrata en el lienzo atribuido a José Joaquín Magón, donde aparece el virrey, habiendo declinado entrar bajo palio, a la escaleras de la Catedral de Puebla, escoltado por el acompañamiento de dragones y siendo recibido por el Obispo, tras habérsele recitado la loa (https://digital.csic.es/handle/10261/260924).

[245] *Rodas*: el coloso de Rodas era una gran estatua del dios sol griego Helios, realizada por el escultor Cares de Lindos en la isla de Rodas (Grecia) en 280 a. C. y destruida por un terremoto en 226 a. C. Es considerada una de las Siete Maravillas del mundo antiguo.

[246] *Templo Éfeso*: el Templo de Artemisa fue un templo ubicado en la ciudad de Éfeso, dedicado a la diosa Artemisa, denominada Diana por los romanos. Su construcción fue comenzada por el rey Creso de Lldia y duró unos 120 años. De grandes dimensiones y una bella y delicada arquitectura, es considerada una de las Siete Maravillas del mundo antiguo.

del Olimpo Júpiter el bulto[247],
el mausoleo[248] ni el [o]culto
muro de Babilonia[249] tengan nombre.
No por pasmoso asombre   770
el palacio de Ciro[250], ni elevadas
de Egipto[251] las agujas[252] celebradas,
de la atmósfera giganteas cuchillas,
que esta maravilla es de maravillas.
Con hermosa presencia   775

---

[247] Seguramente hace referencia a otra de las Siete Maravillas del mundo antiguo, la Estatua de Zeus en Olimpia. Situada en Olimpia, fue una gran escultura crisoelefantina creada por el escultor Fidias. Si bien se han conservado los restos de los cimientos de la base de la estatua en Olimpia, la estatua en sí se ha perdido y solo se puede reconstruir a partir de representaciones en monedas y descripciones antiguas.

[248] *Mausoleo*: el Mausoleo de Halicarnaso o el Sepulcro de Mausolo fue un suntuoso monumento funerario construido entre el año 353 a. C. y el 350 a. C. en Halicarnaso (actualmente Bodrum, Turquía) para Mausolo, un sátrapa del Imperio persa. La estructura fue encargada por su esposa y hermana, Artemisia II de Caria, a los arquitectos griegos Sátiro de Paros y Piteo. El mausoleo medía aproximadamente 134 metros de perímetro y 46 metros de altura, y cada una de las cuatro plantas estaba adornada con relieves escultóricos creados por cada uno de los escultores griegos Leocares, Briaxis, Escopas de Paros y Timoteo. La estructura fue considerada un gran triunfo estético, tanto que Antípatro de Sidón lo consideró como una de las Siete Maravillas del Mundo.

[249] *Muro de Babilonia*: considerado también una de las Maravillas del mundo antiguo, se cree que fue construido por Nabucodonosor.

[250] *Palacio de Ciro*: los restos del Palacio de Ciro se encuentran al suroeste de la fortaleza de Tall-e Takht y están formados por dos unidades: el palacio residencial de piedra blanca y una sala de audiencias con columnas. Completaban el palacio los jardines con pabellones y una puerta de acceso. Los jardines de Pasargada se convirtieron en el prototipo del concepto de jardín persa que consta de cuatro cuadrantes divididos por vías fluviales o senderos peatonales.

[251] Seguramente hace referencia a la Pirámide de Guiza (también conocida como pirámide de Keops o de Jufú), la mayor de las pirámides de Egipto. La más antigua de las Siete Maravillas del mundo antiguo y la única que todavía perdura. Fue ordenada construir por el faraón Keops de la cuarta dinastía del Antiguo Egipto. La fecha estimada de fin de la construcción de la Gran Pirámide es alrededor de 2570 a. C., siendo la primera y mayor de las tres grandes pirámides de la necrópolis de Guiza, situada en las afueras de El Cairo. Fue el edificio más alto de la Tierra durante 3.800 años, hasta que en el siglo XIV fue superado por el chapitel de la catedral de Lincoln, en Inglaterra.

[252] *Aguja*: "se llama el Obelisco o Pirámide que viene a rematar en punta y tambien el capitel de una torre, que es de esta hechura" (*Aut.*).

se eleva su gallarda corpulencia,
en justa simetría
a retar estatura y lozanía,
del orbe al edificio más ufano[253],
pues al mayor que no le excede es llano.   780
Su grande buque[254], de la vista hechizo,
se ve adornado desde el techo al piso,
con curiosidad tanta, tal decencia,
que es palestra del arte, y la opulencia
la vena generosa,   785
por quien dejando la triforme diosa[255]
el lecho de Endimión[256], corrió la esfera
y azogada vidriera
de la madre común, del hondo seno
los dardos disparó, con que de lleno   790
su superficie hería
convexa de latón la puntería,
que miraba de frente
del cielo antorcha, de sus brillos fuente.
Dispensó la materia a la cultura,   795
con que emula feliz de la escultura,
la diestra platería[257]
construyó el simulacro de María
de Gracia, llena en su primer instante,
que descollando en siete pies galante,   800
ocupa el tabernáculo[258] lucido,
que de cuatro fachadas erigido,
y a titular tan bella consagrado,

---

[253] Destaca este fragmento de elogio a la arquitectura de la Catedral de Puebla, que se compara con distintas maravillas de la Antigüedad.

[254] *Buque*: "el cóncavo de la nave y su capacidad interior" (*Aut*.).

[255] La *triforme diosa* se refiere a Diana, también denominada diosa triple, triple Hécate, diosa de tres formas (triforme).

[256] *Diana y Endimión*: evoca los amores de Diana (en propiedad la diosa de la luna Selene) por el bello mortal Endimión, el pastor. Guiada por su pasión, una noche se unió a él y logró que Zeus le concediera un deseo. Endimión escogió poder dormir en un sueño eterno, lo cual le fue concedido, por lo que permaneció eternamente joven.

[257] *Platería*: "la calle o sitio donde trabajan y tienen sus tiendas los Plateros" (*Aut*.). Aquí en el sentido de gremio que llevó a cabo la escultura en plata de la Virgen.

[258] *Tabernáculo*: "se entiende hoy por el Sagrario o lugar en que está guardado y colocado el Cuerpo de nuestro Señor Jesucisto en los altares, que regularmente están hechos en forma de capilla" (*Aut*.).

preside el campo del panteón sagrado
en él el metal fino,   805
que precio daba al crespo vellocino
empeño de Jasón[259] el lucimiento,
adelantando al mismo firmamento
astros mil brilla, que con gracia bella
en cada piedra retan una estrella.   810
El cielo más ufano,
pues en él con misterio soberano
la humanada deidad, cual propio cielo
asiste, aunque cubierta de aquel velo
de accidentes de Pan[260], disfraz sagrado,   815
que le ofreció su pecho enamorado.
Así, por que la llama
indicio sea de la que el suyo inflama,
inextinguible al religioso anhelo
el católico celo,   820
previno al vaso en que de Nictimine[261]
el licor codiciado se contiene,
tan magnífica nave,
que si en la admiración y el templo cabe,
no de cortas direcciones en la suma,   825
que puede mendigar mi inculta pluma.
La plata, el oro, en piezas hace
que a ser asombro pase
su cumplido ornamento,
siendo de igual portento   830
sus ricas y curiosas colgaduras,
exquisitas pinturas,
retablos majestuosos,
demás menaje y atavíos suntuosos.

---

[259] *Jasón*: el héroe mitológico panhelénico que se hizo famoso por su expedición con los argonautas, como se conocía a la tripulación de su barco, el Argo, en busca del Vellocino de oro en la Cólquide, en el mar Negro, una de las leyendas más populares y duraderas de la mitología griega.

[260] *Pan*: el dios de los pastores y rebaños en la mitología griega.

[261] *Nictimine*: según la mitología romana, es la hija de Epopeus, un rey de Lesbos. En algunas versiones de la historia, fue violada por su padre; mientras que en otras fue seducida. Por vergüenza o culpa, huyó al bosque y se negó a mostrar su rostro a la luz del día. Compadeciéndose de ella, Minerva la transformó en el búho nocturno que, con el tiempo, se convirtió en un símbolo generalizado de la diosa.

En la sacra portada   835
descollaba elevada
otra triunfal hermosa perspectiva[262],
que interpretó la viva
voz de un joven galante
en la loa que allí dijo, y al instante   840
que clausu[r]ó al lintel arón[263] sagrado,
con sacra mitra y pastoral cayado,
el auxiliar y venerable coro
del patronato real en el decoro,
la aspersión[264] dio al virrey, que en compañía   845
entró de todos, mientras la armonía
del sacro facistol[265], con dulce hechizo
de los sentidos, se hizo
dueño con los acentos
de bien templadas voces e instrumentos.   850
En el dosel[266] que estaba prevenido
del presbisterio, a un lado fue servido

---

[262] *Perspectiva*: "por extensión se toma por todo el objeto de la vista en mayor distancia, especialmente cuando es ameno o deleitable" (*Aut.*).

[263] *Arón*: arca en la que se conservaban las tablas de la ley en el Templo de Jerusalén hasta su destrucción por los griegos.

[264] *Aspersión*: es el ritual de rociar agua bendita con el hisopo y una de las tres partes del bautismo. San Clemente, papa del siglo I, ordena que se hagan aspersiones con el agua mezclada de aceite. El papa Alejandro I sustituyó la sal al aceite. Esta mezcla de agua y de sal se bendice por medio de oraciones. Es un acto litúrgico que puede realizarse independientemente de cualquier otra ceremonia o que puede acompañar otros actos litúrgicos, precediéndolos o siguiéndolos. Fuera de las ceremonias y de las funciones litúrgicas, los fieles se pueden servir también del agua bendita para entrar en las iglesias y para salir de ellas, al entrar en un nuevo aposento o al salir de él, para bendecir a sus hijos.

[265] *Facistol*: "el atril donde se pone el libro para el preste o para el diácono y subdiácono o para los que hacen el oficio en el coro. Distínguese del atril común en tener un pie alto, en proporción que puesto en el suelo pueda servir al que ha de cantar en pie" (*Aut.*).

[266] *Dosel*: "adorno honorífico y majestuoso, que se compone de uno como cielo de cama puesto en bastidor, con cenefas a la parte de adelante y a los dos lados, y una cortina pendiente en la de atrás que cubre la pared o paraje donde se coloca. Hácese de terciopelo, damasco, o otra tela, guarnecido de galones o flecos, y a veces bordado de oro o sedas. Sirve para poner las imágenes en los altares y también le usan los Reyes y los Prelados Eclesiásticos en sus sitiales y los Presidentes de los Consejos, Señores y Títulos le tienen en sus antecámaras" (*Aut.*).

de dos niños del coro, que llegaron
a quitar las espuelas, entonaron
las voces el Te Deum: cantó las preces[267]   855
el sagrado pastor, y con las veces
del mismo Cristo, al pueblo el beneficio
dio de la bendición, según su oficio.
Concluida la función, salió asistido
del acompañamiento, que había sido   860
al altar santo guiado,
y de uno y otro príncipe sagrado
despedido y de los capitulares,
con carga de las tropas militares,
que en la plaza formadas   865
estaban por hileras ordenadas,
tomó la hermosa estufa, en que el espacio
concluyó de la iglesia hasta el palacio.
Ocho días[268] fueron los que allí estuvimos,
y cortejados fuimos   870
con el mayor cuidado; por los días
en los toros, y diestras correrías
pasamos divertidos,
y no bien fenecidos
los juegos de la tarde, entretenida   875
ya estaba prevenida,
luego que el sol en catre de cristales[269],
privaba de su luz a los mortales,
de ardientes teas porción tan numerosa,
que a desmentir bastando de la hermosa   880
noche, la confusión retaba al día,

---

[267] *Preces*: "los versículos tomados de la Sagrada Escritura y uso de la Iglesia, con las oraciones destinadas por ella, para pedir a Dios el socorro en las necesidades públicas o particulares" (*Aut.*).

[268] García Panes señala diez días, pero los pasatiempos y festejos previstos son los mismos: "Permanece en Puebla de [los Ángeles] 10 días, recibiendo los cumplidos del Ilustrísimo Obispo, Cabildo, comunidades y infinidad de personas que concurren, en cuyos días festeja la ciudad al nuevo virrey con fiestas de toros y fuegos artificiales todas las noches y además dispone represente en palacio la compañía de cómicos, si no quieren ir los virreyes al teatro de la ciudad. Y en su equivalente hay baile de noche, concurriendo brillante número de señoras, siendo con profusión el obsequio de refresco, comida y cena que costea la Ciudad de la Puebla de los Ángeles todo el tiempo que están allí los virreyes, días en los que visitan y entran en todos los conventos de ambos sexos" (pp. 102–103).

[269] Se refiere al atardecer, en clave poética.

una y otra bujía,
a dar ser al color, al bulto vida,
animando la gracia, confundida
de sus matices con pinceles de oro,   885
al soltar los raudales del tesoro,
porque la mariposa,
neciamente curiosa,
que el claro origen en la llama apura,
al busto incautamente se apresura.   890
A máquinas vistosas
de varias invenciones primorosas,
materia dio la pólvora inflamada,
por los conductos guiada
de artificiosa mecha,   895
de presurosa llama, senda estrecha
que, con perfiles de oro, delineando
de trecho a trecho lazo succesivo,
y figuras mudando
ciento, tan por instantes,   900
que en sus formas vagantes,
su movimiento vivo,
la vista hermosamente entretenida,
no bien de una era, cuando
de otra nueva se hallaba sorprendida.   905
El aire engalanado
y del marcial estrépito rasgado,
con que al enrarecer el grano ardiente,
destrozaba impaciente
el cartucho, que el cáñamo muraba[270]   910
y en laberinto estrecho aprisionaba.
Así que daba al alto
cielo treguas, de varas el asalto
voladoras serpientes encendidas[271],
que contra las bruñidas   915
bóvedas de zafir, alto Briareo[272]

---

[270] *Murar*: "cercar y guarnecer con muro alguna ciudad, castillo o fortaleza" (*Aut.*).

[271] Se refiere a los fuegos artificiales. Sobre su concepción en la época como "invenciones" y la integración de las pirotecnias en el espectáculo del fasto, véase Guibovich Pérez, "Singulares invenciones: fuegos artificiales y fiestas religiosas en Lima colonial, siglos XVII y XVIII", *Revista de Indias*, LXXXII/286 (Madrid, 2022), pp. 615–644.

[272] *Briareo*: en la mitología griega, Briareo o Briáreo era un Hecatónquiro, gigante de cien brazos y cincuenta cabezas, hijo de Urano y Gea, y hermano de Coto y Giges.

disparaba en eructos de Tifeo[273].
Dejando los balcones,
llamaba en el salón las atenciones
lucida compañía,   920
que con destreza grande y bizarría,
las cuatro noches se ofreció dispuesta
en el cómico teatro y en la orquesta.
Cuatro siguientes días,
salimos a pagar las cortesías,   925
de urbanos cumplimientos
debidos a colegios y conventos[274],
después de celebrado el sacrificio,
en que se digna de ofrecer propicio,
siendo hostia y sacerdote, el que la vida   930
por la vida del hombre dio perdida.
Dimos debidas gracias al Increado,
poder excelso y con delicado
ingenio, el Masgistral[275] dijo discreto
un sermón, que fue propio a tal sujeto.   935
El cuatro de noviembre fue el camino
de dos leguas, que hicimos con destino
de la pública entrada
que el virrey, de Cholula en la jornada
hizo, ciudad que en ruinas mantenida   940
muestra haber sido población crecida[276].

---

[273] *Tifeo*: en la mitología griega, Tifón, Tifeo, Tifoeo o Tifaón es una divinidad primitiva relacionada con los huracanes. Fue el último hijo de Gea, esta vez con Tártaro, el cavernoso vacío inferior.

[274] Alude a las visitas que los nuevos virreyes debían ofrecer a las distintas religiones.

[275] *Magistral*: "Cierta canongía o prebenda de oposición que hay en las iglesias catedrales, cuya provisión toca al cabildo. Llámase Magistral porque para obtener esta dignidad es necesario estar graduado de maestro en teología, por una de las universidades aprobadas. Llámase tambien Magistral al mismo canónigo que goza esta prebenda" (*Aut.*).

[276] Tras la estadía en Puebla, el *Diario* de García Panes también da los detalles de la estancia en Cholula: "De Puebla sigue el virrey su camino a la ciudad de Cholula, distante 2 leguas, donde también hace entrada pública. Aunque no con la pompa y grandeza que se ha expresado en las dos anteriores, es con la misma etiqueta y ceremonial, regalo de caballos enjaezados y demás, siendo también infinito el gentío que allí concurre, mayormente por la inmediación a Puebla. Solo está allí aquel día el virrey, festejado a la tarde con corrida de toros, y a la noche con fuegos y música, que a estas diversiones son muy apasionados los americanos. La ciudad de Cholula está tan arruinada o más que la de Tlaxcala" (p. 103).

A la de Guajozingo[277] igual a aquella
y a las tres leguas de ella,
el día cinco pasamos,
donde la cuarta entrada celebramos.   945
El seis a san Felipe, pueblo sito
a cinco leguas cortas de distrito.
El siete a san Martín al mediodía
y al de Apam[278] a dormir. Ya nos tenía
de Revillagigedo el conde puesto   950
hospedaje en Otumba, y bien dispuesto
el banquete suntuoso,
con que a otro día nos recibió obsequioso,
y el bastón entregó del virreinato,
con muestras grandes de un amor muy grato[279].   955
Con él y la condesa

---

[277] *Guajozingo*: Huejotzingo es una ciudad del estado de Puebla, localizada cerca de la falda de la sierra Nevada. Es la cabecera del municipio de Huejotzingo. En el *Diario* escribe García Panes: "De Cholula sigue el siguiente día el virrey su marcha a la ciudad de Huejototzingo, donde también hará entrada pública a caballo, por costumbre inveterada o privilegio que tienen las referidas ciudades, lo que sin duda trae algún origen o bien fuese el que sus moradores fueron los primeros que recibieron la fe católica y se entregaron al dominio del Rey de España [...] Huejotzingo es muy grande pero despoblado, y arruinado y muy pobre su vecindario desde que le faltó el fomento de la cosecha de la grana, que actualmente se está plantando, como igualmente en Cholula. La plaza de Huejotzingo, de figura cuadrada, es la más grande que tiene población alguna de la Nueva España [y también tiene] un antiguo convento de franciscanos, obra primorosa del orden mosaico" (pp. 104–105).

[278] *Apam*: Apan es una localidad, cabecera del municipio de Apan en el estado de Hidalgo en México.

[279] Sobre esta parte del trayecto, resume García Panes: "Al siguiente día [de Cholula] sigue el virrey su marcha a comer y dormir al pueblo de San Felipe, que hay 5 leguas. De allí a comer al pueblo de San Martín, distante 5 leguas, y seis a dormir al pueblo de Apan, que es la jornada más larga. De Apan pasan a otro día a comer al pueblo de Otumba, distante poco más de 4 leguas, y es el paraje donde, concurriendo los dos virreyes, se hacía entrega del mando. Para cuya concurrencia sirve tener uno y otro Secretario el itinerario del viaje que lleva el virrey nuevo y llegar a recibirle a Otumba su antecesor, saliendo de la población que destinó para su morada desde que se despidió de México" (p. 105).

comimos a la mesa[280],
y pasamos gustosos aquel día,
hasta que con urbana cortesía,
despedidos a más de primanoche   960
y tomando su coche,
a la hacienda inmediata se tornaron,
en que por este tiempo se hospedaron.
El nueve cinco leguas anduvimos,
y pie en un pueblo hicimos,   965
San Cristóbal llamado,
en donde de este reino consulado,
con abundancia en todo nos previno
el hospedaje[281]. Hasta este pueblo vino
de México el prelado,   970
de su docto cabildo acompañado,
a hacernos cortesía.
La colegiata concurrió este día
de Guadalupe, el noble ayuntamiento
de justicia ordinaria y regimiento   980

---

[280] García Panes describe la ceremonia del traspaso de poderes con más detalle: "El virrey
que entregaba el mando tenía dispuesto para esta función todo lo necesario en Otumba,
y a sus expensas pródigamente se costeaba aquel día el gasto de comida, refresco y
cena, aun para toda la comitiva que de ambos señores concurría en aquel pueblo.
Después de cumplimentarse, pasaban a una sala bien adornada con dosel y dos sillas,
donde sentados llegaba el Caballerizo del virrey saliente y presentando un rico bastón
a su amo, éste lo ponía en manos de su sucesor, presenciando el acto el Secretario de
Gobierno, el Capitán de Alabarderos y algunos otros sujetos de carácter, allegados a
ambos virreyes. Concluido este acto, se quedaban solos para tratar reservadamente
sus asuntos; y comiendo aquel día juntos en público, a la tarde se despedía el virrey
saliente, regresando al paraje de su morada, y el nuevo virrey se quedaba a dormir en
Otumba, desde cuyo día le hacía la guardia el destacamento de alabarderos, siguiendo
hasta México" (pp. 105–106).

[281] En el *Diario* García Panes precisa los mismos detalles del hospedaje: "De Otumba,
al otro día, pasaban al pueblo de San Cristóbal a comer y dormir, distante 5 leguas,
donde estaba prevenido el hospedaje y obsequio con mucha profusión y magnificencia a expensas del Real Tribunal del Consulado de México. Allí recibe el virrey los
cumplimientos del Arzobispo de México, de su Venerable Cabildo, los Diputados de
la ciudad y demás Tribunales de la capital y los de la Real Colegiata de Guadalupe,
siendo etiqueta que después de hacer los cumplimientos, estos cuerpos regresen a sus
destinos. Concurren también en San Cristóbal a estos cumplidos, los jefes militares,
títulos y personas de distinción, y aun algunas señoras, en caso que vaya virreina"
(pp. 106–107).

de la ciudad de México y corteses
muchos hidalgos, condes y marqueses.
De aquí llegamos con concurso vario
al célebre santuario,
donde, en mariana silla,   985
deja admirarse aquella maravilla,
que ofrece en cuanto asombre,
pasmo al infierno a Guadalupe nombre.
A esta imagen sagrada,
confusa nuestra fe, rindió postrada   990
el reverente culto,
que se arrastró su portentoso bulto.
Quedose aquí el virrey, mientras que guiada
de innumerable pueblo, hice mi entrada[282]
esta mañana en México, lucida,   995
cuasi en la misma forma que advertida,
notará Vuexcelencia en la que al vivo,
poco después de mi Agustín, describo.
Viniéndome derecha a mi palacio,
en cuyo hermoso espacio   1000
de primeras señoras recibida,
fui a uno de sus salones conducida,
donde el adorno y la magnificencia
no dejó qué desear a la excelencia.
Pero, en tanto que tiene detenido   1005
a mi Agustín el grave y comedido
obsequio mexicano, que a porfía,
sin duda alguna, aventajó este día
a los que han estilado en casos tales,

---

[282] La Virreina, como promotora y voz poética del poema, presenta su llegada a la capital novohispana como una entrada de importancia y relieve paralelo a la del virrey, en términos simétricos. En este fragmento sobresalen los posesivos con los que quedan claramente definidos su posición y autoridad. El *Diario* de García Panes, como en todos los otros pasos particulares del trayecto desde el desembarque en Veracruz, presenta esta secuencia como un trámite en paralelo, en el que la Virreina asume un papel secundario junto al resto de mujeres nobles de la comitiva: "Al otro día sigue su marcha al santuario de Guadalupe distante 4 leguas, donde es recibido por la Ciudad de México y otros tribunales. Si va virreina, después de adorar la portentosa imagen de María Santísima de Guadalupe, Patrona del Reino de Nueva España, recibida allí Su Excelencia por las señoras Diputadas de la ciudad, sigue sin detenerse a México, quedando el virrey a comer en Guadalupe, obsequio que hace la ciudad de México" (p. 107).

sus prelados, cabildos, tribunales.	1010
Permita Vuexcelencia corte el hilo,
para pintarle en otro breve estilo,
de Guadalupe y México afamado
santuario, situación, grandeza, estado.
Yace al norte de México a su vista,	1015
un sitio no tejido en densas breñas
o maleza que al sol la luz resista
estéril, si cuyas desnudas peñas,
sin que planta ni flor allí consista,
son del mayor prodigio claras señas,	1020
pues la mística rosa[283] en sus favores,
de las flores nació donde no hay flores.
Fragoso un montecillo y empinado[284],
se mira descollar por una parte,
cuyo fácil acento ha fabricado	1025
devoto el celo religioso, el arte
en un pequeño templo edificado,
a devoción su esmero se reparte,
que reservándose a mayor esfera,
no el simulacro, sí el lugar venera.	1030
Hacia otra parte fluye bulliciosa
alegre, aunque cerrada fuentecilla,
donde se cree por tradición piadosa,
bien que constante, estuvo la que brilla
en el empíreo estrella luminosa.	1035
Aquí de caminantes la cuadrilla,
si de piedad el agua es argumento,
bebe piedades con fervor sediento.
Población reducida, aunque formada
de aquel santuario, al culto reverente	1040
aun mayor dirigida, que habitada
de escaso pueblo, de piadosa gente,
tranquila siempre, siempre sosegada
vive, donde por cómputo prudente,

---

[283] *Mística rosa*: se refiere a la primera santa americana, Santa Rosa de Lima.

[284] Se trata del cerro de Tepeyac, ubicado al norte de la ciudad de México, perteneciente a la cadena montañosa que conforma la sierra de Guadalupe, que delimita al norte al valle de México. Es una pequeña parte del cerro del Guerrero, también conocido como el cerro de Santa Isabel y es el lugar donde se apareció la Virgen de Guadalupe a Juan Diego.

o pasajeros sean o peregrinos,   1045
son los estraños más que los vecinos.
Gigante en su magnífica estatura,
un templo se levanta suntuoso,
y al cielo hiriera su elevada altura,
si ya no fuese el mismo cielo hermoso.   1050
Corresponde a su augusta arquitectura[285]
el adorno interior, rico y curioso,
puesto al cuidado de los que hoy aprecia
en alto honor, su colegial iglesia.
Aquí, el agradecido peregrino   1055
viene a cumplir su religioso voto,
confirma la salud en el camino
y en cera ofrece el miembro un tiempo roto[286].
El naufragio también, que en frágil pino
sintió la furia del opuesto Noto[287],   1060
la tabla cuelga, que ocupara yerto,
si ya no fuera Guadalupe el puerto.
Vió Italia, último teatro de la guerra,
no ofender, impelido el plomo ardiente
de opreso viento y encendida tierra,   1065
al que imploró su amparo diligente,
bien como el que se estiende a los que encierra,
fieles el uno y otro continente,
donde ya los prodigios celestiales,
por frecuentes parecen naturales.   1070
Pero qué mucho, si el mayor portento,
féni[x] de los milagros, aquí vive,
y topo aún el más lince entendimiento,
admira efectos, [causas] no percibe.
En cada día se añade un argumento,   1075
que religioso crédito recibe,
prodigio, en fin, que en nuevos desengaños
la edad lo arguye, probando los años.
En tosco lienzo[288], que la inculta mano

---

[285] En este fragmento se elogia la Catedral de la Ciudad de México. Es un pasaje simétrico, que puede compararse al que loaba la Catedral de Puebla (véase nota 169).

[286] Se refiere a los exvotos.

[287] *Noto:* dios del viento del sur en la mitología griega.

[288] Se describe a continuación la imagen de la Virgen de Guadalupe en la tilma de San Juan Diego del 12 de diciembre de 1531, que se conserva en su santuario.

ralo[289] fabrica de escabrosa hierba,   1080
en cuyos hilos compitiera en vano,
silvestre Aracnes[290], rústica Minerva,
de María el simulacro soberano,
más de dos siglos ha que se conserva,
donde no puede delinear figura,   1085
ni tener consistencia la pintura.
Belleza y humildad es su semblante,
piedad sus ojos y de gracia llena
la faz sagrada, por lo más constante,
pintarse quiso de color morena,   1090
la original pureza que al instante,
primero de su ser de culpa ajena,
gozó. Las manos juntas autorizan
y acción también de gracias simbolizan.
El manto azul de estrellas argentado,   1095
mejor dijera que es su manto el cielo,
el ropaje interior de oro y rosado,
aunque ceñido y sin pomposo vuelo,
cubre el cothurno[291] que aun allí ocultado,
hace a la luna venturoso suelo,   1100
donde México fija su fortuna,
si es su renombre imperio de la luna.
Del sol rodeada, de su luz vestida,
de los mayores astros coronada,
¿pero hasta dónde, torpe y atrevida,   1105
icárea[292] la pluma, vuelas mal cortada?
¿A la copia de un ángel pretendida,
que águila evangelista remontada,
san Juan miró mil veces admirado,

---

[289] *Ralo*: "lo que carece de densidad o solidez, por lo cual se puede penetrar por sus huecos e intermedios, con otro cuerpo" (*Aut.*).

[290] *Aracne*: En la mitología grecorromana fue una tejedora que alardeó de ser más habilidosa que la diosa Atenea, que tiene su equivalente en la romana Minerva, diosa de la artesanía y la sabiduría. Minerva, ofendida, entró en competencia con Aracne, pero, según cuenta Ovidio, no pudo superarla. Además, el tema elegido por Aracne, los amores de los dioses, fue ofensivo, y Minerva la transformó en una araña.

[291] *Cothurno*: "especie de calzado a manera de borceguí, muy alto de suela, para hacer levantar del suelo la persona y que parezca más alta y prócera" (*Aut.*).

[292] *Icárea*: perteneciente o relativo a Ícaro, personaje mitológico, hijo de Dédalo.

dibujándola en Patmos[293] de[s]terrado? 1110
Aquí el afecto inflame, soberano,
genios divinos a su amor fieles,
que altivamente se desmiente humano,
ilustrado a la luz de sus pinceles.
Tú, neófito dichoso americano, 1120
despreciando del mundo los laureles,
gózate humilde en tu feliz destino,
en tanto que prosigo mi camino.
El Guadalupe, undoso[294] y ancho río,
sufre embarazo de elevada puente, 1125
si bien, tal vez con caudaloso brío,
vencida la miró de su corriente.
A este, pues, cristlalino desvarío,
impone carga, fábrica eminiente,
en que toma principio una calzada 1130
de México a la puerta terminada.
No jacte ya el romano su Appia vía[295],
que deleites de Capua[296] le allanaba,
donde serie de estatuas procedía,
de héroes insignes que la fama alaba, 1135
que aquí de los misterios de María,
a un tiempo el orden y el rosario acaba
hilo fiel, que conduce al laberinto

---

[293] *Juan de Patmos*: Juan de Patmos o el Apokalcta es el nombre dado al autor del libro bíblico del Apocalipsis. En la introducción, el autor declara que estaba desterrado en la isla griega de Patmos «a causa de la palabra de Dios y el testimonio de Jesucristo» (Ap. 1, 9), cuando comenzó a recibir «la revelación de Jesucristo, que Dios le dio, para manifestar a sus siervos las cosas que deben suceder pronto» (Ap. 1, 1). Juan de Patmos también suele ser llamado Juan el Teólogo.

[294] *Undoso*: "lo que tiene ondas o se mueve haciéndolas" (*Aut.*).

[295] *Appia vía*: la Vía Apia (en latín, *Via Appia*) fue una de las más importantes calzadas de la antigua Roma que unía a dicha ciudad con Brindisi, el más importante puerto comercial con el Mediterráneo oriental y Oriente Medio.

[296] *Capua*: es una ciudad de la provincia de Caserta, Italia. En los tiempos antiguos, era la capital regional de la Campania, a 26 km de la actual Nápoles, a orillas del río Volturno. Estaba conectada con Roma por la vía Apia, siendo famosa por sus bronces y perfumes y colocándose por su prosperidad en el segundo lugar de Italia después de Roma. En ella tuvo lugar la rebelión de los esclavos capitaneados por Espartaco, en el año 73 a. C.

de la hermosa ciudad de Carlos Quinto[297].
A ésta, pues, que otro sitio ya abandona,   1140
aunque más firme, menos opulento,
montes de oro le ciñen la corona,
y le platean las aguas el asiento,
ser el orbe mayor centro blasona,
y [s]in que a otras envidie el fundamento,   1145
si entre montes también el cuello asoma,
será del nuevo mundo nueva Roma.
Cual su zona también templado el clima,
en moderada proporción constante,
ni el frío entorpece, ni el calor lastima,   1150
ni las sulfúreas iras del tonante[298],
hacen que brame el monte, el aire gima.
Joven el año, siempre de un semblante,
parece que con suave y blanda mano,
junta a un tiempo el invierno y el verano.   1155
Del mar imagen es, aunque pequeña,
la laguna de Chalco[299], procelosa[300],
donde el agua cortés, cuanto alhagüeña,
besa de la ciudad la planta hermosa.
Y como sumergida, si risueña   1160
está la luna, allí tan luminosa,
a México le sirve el agua pura
de espejo, a quien consulta su hermosura.
A sus contornos tributarios hace
Ceres[301], ejercitada aún pocas veces,   1165
no de los montes solo el oro nace,
también el llano lo produce en mieses,
al labrador el campo satisface,
aún el más avariento, en pocos meses,

---

[297] Se refiere a Cobán, la cabecera del departamento de Alta Verapaz. Fue fundada por frailes dominicos en 1543 y años después fue declarada Ciudad Imperial por el Rey Carlos V por su situación estratégica.

[298] *Tonante*: el que truena.

[299] *Laguna de Chalco*: el lago de Chalco es un cuerpo de agua que forma parte de la cuenca lacustre de México.

[300] *Procelosa*: borrascoso, tormentoso, tempestuoso (*DRAE*).

[301] *Ceres*: en la mitología romana, era la diosa de la agricultura, las cosechas y la fecundidad. Su equivalente en la mitología griega era Deméter. De ella reciben su nombre los cereales.

que en la fecunda y bien granada espiga,   1170
el logro es mucho, poca la fatiga.
Menos utilidad, más hermosura,
con igual abundancia rige Flora,
en pensiles de varia agricultura,
donde en tanto que el sol el orbe dora,   1175
o sea por su fragancia o su frescura,
se retira a pasar el día la aurora
en florido palacio, a cuya esfera
vinculó amenidad la primavera.
Estos de la ciudad son los confines,   1180
que no le calzan de cristal la planta,
otros de aljófar son, por cuyos fines
sus abastecimientos adelanta.
Allí se miran náufragos jardines,
flotantes islas y con prisa tanta   1185
el sitio mudan de uno al otro día,
que engañan a la diestra geografía.
De doble lienzo, no fortificada
de muros y baluartes no ceñida,
vive de su lealtad asegurada   1190
solo con su valor fortalecida.
Es de santuarios cuatro amurallada,
por la piedad del cielo defendida,
y cuatro fortalezas celestiales
tiene en sus cuatro puntos cardinales[302].   1195
Por barrios suburbanos, sus entradas
menos vista prometen y belleza
de la que dentro tiene. Concertadas
a un fin el arte y la naturaleza,
en sus plazas y calles niveladas,   1200
sin que la baja plebe quede opresa,
de multitud de coches que trafica,
otra ciudad portátil se fabrica.
Confuso se labró cuanto distinto,
por semejantes vías engañoso,   1205

---

[302] Tras las descripciones del paisaje en clave mitológica, el poema sigue el elogio a la ciudad de México que se desarrolla según el registro simbólico, en este caso, según la geografía mítica que impone la concordancia con los cuatro puntos cardinales.

de Creta el no entendido laberinto[303],
cárcel aun de su artífice ingenioso.
De esta ciudad, en el capaz recinto,
un bello laberinto artificioso,
en cuadro regular, sus calles forman,　　　　　　　　1210
y más engañan, cuando más informan.
Peso a la tierra son, estorbo al viento
sus templos y edificios levantados,
en cuyo artificioso pavimento,
fabricó el arte montes encumbrados.　　　　　　　　1215
Cede al primor lo rico y opulento
del menaje interior, de que adornados,
o ya por fausto[304] sea o por decoro,
al cincel fatigó la plata y oro.
Dejo aparte su pueblo, su nobleza,　　　　　　　　1220
su comercio, que fuera envidia a Tiro[305].
Dejo de sus paseos la belleza
o el deleite los busque, o el retiro,
sus alimentos, frutas y riqueza.
En fin, todo lo dejo, porque miro　　　　　　　　1225
que necesita aun describirla, en suma
de mayor extensión y mayor pluma[306].
De aquel santuario, pues, para esta corte,
la misma tarde en distinguido porte,
salió Agustín a executar su entrada,　　　　　　　　1230
de innumerable pueblo registrada,
que, en concurso lucido,
equivocó lo atento y lo rendido.

---

[303] *Laberinto de Creta*: en la mitología griega fue el laberinto construido por Dédalo para esconder al Minotauro.

[304] *Fausto*: "ornato y pompa excesiva de criados, galas y otras cosas. Es tomado del latino *fastus*, por cuya razón algunos escriben fasto" (*Aut.*).

[305] *Tiro*: fue la ciudad fenicia más importante de la Antigüedad. Situada en una isla frente a la costa del actual Líbano, rodeada de una potente muralla y casi inexpugnable. Fue fundada en el III milenio a.C. y dominó el comercio en el Mediterráneo.

[306] Se marca aquí el cambio en la voz poética, tras un segmento de descripción de la catedral, la imagen de la Virgen de Guadalupe y la ciudad de México, más propio de Rivadeneira, para retomar ahora el relato del viaje de la marquesa de las Amarillas.

Y como iba el Marqués ocultamente[307],
cada cual impaciente   1240
contentarse curioso protestaba,
con lo que por los vidrios brujuleaba[308].
A palacio derecho se condujo,
donde el acto solemne se redujo,
por en medio de salva concertada,   1245
de guarnición y artillería ordenada[309],
a apearse donde fue bien recibido
del tribunal y oidores prevenido,
que con el guión[310] delante,
le acompañó galante   1250
a la Sala de Acuerdo[311], en cuyo asiento
hizo solemnemente el juramento,
después de ser enteramente leído
su real despacho y ser obedecido
delante [d]el Sello Real, que en este día   1255

---

[307] Estos versos aluden a la llegada del marqués en carro a la Ciudad de México y la expectación que causaba su venida. Como comenta García Panes, la llegada se distingue de la entrada pública: "Y a la tarde, con el Ilustre Ayuntamiento, en los coches, yendo en el del virrey el Corregidor y el Regidor Decano o un Alcalde Ordinario, entra en México, no como entrada pública, porque ésa se reserva para más adelante, como se dirá" (p. 107).

[308] *Brujulear*: "descubrir por indicios y conjeturas algún suceso o negocio que se está tratando" (*DRAE*).

[309] La descripción aparece también en el *Diario*: "Al llegar a la Plaza de Palacio el virrey con la Ciudad, hace el saludo de la artillería, seguido del repique de campanas, y según la fuerza de la guarnición se entiende la valla" (p. 107).

[310] *Guión*: "se llama también el estandarte real, que en algunas funciones va delante del Rey, el cual lleva el paje más antiguo, por lo cual se llama paje de guión" (*Aut.*).

[311] García Panes da el detalle de todo el protocolo: "Al llegar a palacio recibe a Su Excelencia, al pie de la escalera, la Real Audiencia, en cuya compañía únicamente pasa a la Sala de Acuerdo, tomando el asiento del sitial bajo el dosel, y, sentados todos los ministros togados, entra el Teniente de Canciller con el sombrero puesto, y en un azafate cubierto de tafetán lleva el Real Título de virrey, en cuyo acto se levantan todos los ministros y retirándose el Canciller, ya quitado el sombrero desde que entrega el Real Título, se lee éste y a continuación hace el virrey su juramento conforme a las leyes, para lo que está sobre la mesa un crucifijo y el libro de los Santos Evangelios" (p. 108).

el marqués Rada[312] canciller regía,
y allí el decano en oración pulida,
dio en público al virrey la bienvenida.
De aquí fue conducido
a un hermoso salón y recibido   1260
con parabienes varios,
del Colegio Mayor y Seminarios,
que hicieron cumplimientos muy iguales
a prelados, cabildos, tribunales,
señalando entre todos la nobleza,   1265
su garbo, lucimiento y gentileza.
De los tres días el espacio
todo fue regocijo en el palacio,
con banquetes suntuosos,
que la ciudad eroga muy costosos,   1270
en refrescos, comedias y conciertos
de farsantes y músicos expertos[313].
Del día diez de noviembre descansamos
hasta el día veinticuatro, y comenzamos
otros nuevos festejos, semejantes   1275
a los ya dichos antes,

---

[312] Joseph Francisco Lorenz de Rada y Revilla y del Campo (1694–1756), II marqués de las Torres de Rada, Caballero de Calatrava y Contador de la Real Caja de Zacatecas. Contrajo nupcias el 16 de septiembre de 1751 con Doña Catalina Manuela Núñez de Villavicencio y Dávalos Bracamonte (1714-????), hermana de Doña María Jacinta Núñez de Villavicencio y Dávalos Bracamonte, segunda mujer de don Juan Xavier Joaquín Gutiérrez Altamirano de Castilla y Legaspi y Gorráez Beaumont y Navarra, VII Conde de Santiago de Calimaya, casados el 28 de julio de 1739, en la Catedral de México. Igual que su tío y antecesor no produjo sucesión. Por lo cual, los derechos deberían caer en la descendencia de su sobrina doña Josefa Gertrudis de Escorza y del Llagar y Lorenz de Rada.

[313] Así da la noticia García Panes: "Por tres días consecutivos el Ilustre Ayuntamiento costea la comida, refresco y cena todo con la mayor profusión y grandeza: conciertos de música y comedias, las que se representaban en un pulido teatro, aunque pequeño que había en el Real Palacio, destinado únicamente para festejo de los virreyes, sin permiso de entrada pública ni estipendio alguno, pues solo entraba la oficialidad, las personas de distinción y la familia del virrey. Este coliseo, que estaba en la fachada de la plaza principal al piso de las viviendas del virrey, duró hasta el tiempo que lo fue el Marqués de Croix que, poco afecto a semejantes diversiones o por algún influjo de quien tuviere algún fin particular, lo mandó deshacer y se redujo a poner en su lugar el Juzgado de Indias y el Tribunal del Consulado" (p. 109).

empezando a lidiarse toros fieros[314],
en que muy diestros son los caballeros.
Dos semanas duraron,
con lo que por entonces terminaron   1280
por dar tiempo a la pública alegría,
que la entrada solemne prevenía.
Esta fue tan lucida y ostentosa,
que muy prolija cosa
menudamente el describirla fuera,   1285
mas lo más raro fue de esta manera.
Eran nueve del mes que, loco o vario,
Numa Pompilio[315] puso al calendario,
desentoldado el cielo, claro el día,
como si pretendiese   1290
que cuando así se viese,
él también se vistiese de alegría,
y en varios aparentes tornasoles,
se aprestase a colgar sus arreboles.
Amaneció esta corte tan vistosa,   1295
tan alegre y hermosa,
que pareció a lucir determinada,
que a Febo[316] le pidió su luz prestada,
con todo aquel derecho
que en generoso pecho,   1300
hija del sol la mexicana creencia,
tiene sus esplendores como herencia.
De alto abajo en las casas, la riqueza
del dueño ostentan, una y otra pieza

---

[314] En el *Diario* se da también se describe este pasaje: "A dichos festejos seguían dos o tres semanas de fiestas de toros en la Plaza del Volador, donde se hacen las fiestas reales y corresponde al otro frente del Palacio, con comodidad de poder ir el virrey a verlos desde su mismo cuarto, con la Real Audiencia, y a continuación la virreina acompañada únicamente de las mujeres de los oidores, que es de etiqueta" (p. 110).

[315] *Numa Pompilio* (753–674 a. C.) fue el segundo rey de Roma (716–674 a. C.), sucesor de Rómulo. Se casó con Tacia, hija del rey sabino Tito Tacio, por lo que fue concuñado de Rómulo. Se ocupó también de reformar el calendario dividiéndolo en doce meses lunares, añadiendo los meses de enero y febrero, a los diez meses del calendario romuleano. El mes de marzo era el primero del año y, seguramente, febrero se colocó en la última posición, que mantuvo tal vez hasta el siglo IV a. C. cuando se fijó el inicio del calendario civil en enero y pasó a ser el segundo mes.

[316] *Febo*: es un epíteto del dios Apolo. Probablemente su significado originalmente era "brillante".

presurosa se alista,
dudando si es a ver o si a ser vista,
pues al buscar objeto en que saciarse,   1315
va a añadir otro objeto en que mirarse.
Atropada[317] la gente
por las calles discurre diligente,
sin mirar lo que pisa,
para solo mirar lo que divisa,   1320
hasta que a pura fuerza, de su mira
el golpe del concurso le retira,
mientras otro a su impulso rempujado[318],
cuando cayó de espaldas asombrado,
bien que cobrarse prontamente pueda   1325
para mirar mejor, así se queda[319].
El indio montaraz, que hecha su vista
solo a la seca[320], enmarañada arista
de pobre humilde choza,
de observar no acababa tanta cosa,   1330
entre tanta figura
de viva o de pintada contextura,
embobado también a lo que pienso,
si no colgado, pareció suspenso.
Por otra parte, a los de los balcones,   1335
se ofrecen en las calles mil visiones,
en que todo el cuidado entretenido,
entre tantos objetos repartido,
lamenta no ser Argos[321] al poseerlos,
para tener cien ojos con que verlos.   1340

---

[317] *Atropado*: "lo que va en tropa o en compañía de mucha gente sin orden" (*Aut.*).

[318] *Rempujado*: adj de rempujar: "dar un golpe o empellón, con que movemos a otro de su lugar" (*Aut.*).

[319] El asombro del público que acude a la entrada, maravillado por el espectáculo y que llega a desear caerse al suelo para tener mejor perspectiva (vv. 1330–1340), porque no puede dejar de admirar el espectáculo, da pie a este fragmento del poema en que se señala la visualidad y ostentación del espectáculo. La magnificencia visual se pone también de manifiesto en el comentario de García Panes: "Llegada la hora de tan solemne función, que no puede explicarse sino viéndose" (p. 110).

[320] *Seca*: "llaman a la casa donde se bate la moneda" (*Aut.*)

[321] *Argos*: en la mitología griega, Argos Panoptes («Argos que todo lo ve» o «Argos de todos los ojos») era un gigante con cien ojos, que servía como pastor y guardián de la vaca Ío.

Llegó la tarde y tanto recrecía[322]
del concurso el rumor, que parecía
a las ondas del mar, que en la creciente
ya va, ya se retira su corriente,
hasta que una contra otra poderosa,   1345
logra romper la que es más poderosa,
con diferencia solo, que presuma
ser aquí polvo lo que allí es espuma.
La multitud de coches de otro modo,
haciendo empeño de observarlo todo,   1350
la vista paga universal que debe,
con otra igual en que sus trajes bebe,
haciendo muy al vivo
un portátil balcón de cada estribo.
Los caballos briosos,   1355
que observan a sus amos cuidadosos
de la balconería,
para adularles más su lozanía,
en lo que cada dueño busca o halla,
le ofrece en sus espaldas atalaya,   1360
y cada uno orejea[323]
a lo que el amo vigilante ojea,
teniendo a veces cada cual parado
su oreja el bruto, el dueño su cuidado.
Ya había el virrey salido   1365
ocultamente al sitio prevenido,
frente a la parroquia celebrada
a santa Catarina[324] dedicada,
donde debía esperar la cabalgata,

322 *Recrecer*: "crecer y aumentarse con exceso y en demasía, alguna cosa" (*Aut.*).

323 *Orejear*: "mover las orejas el animal sacudiéndolas" (*Aut.*).

324 *Parroquia de Santa Catarina*: está ubicada en el barrio de la Lagunilla en el Centro histórico de la Ciudad de México. Es el templo principal del barrio y fue una de sus primeras construcciones. Su fundación data del siglo XVI. Por su jerarquía y ubicación geográfica al comienzo de la calzada de Guadalupe hacia el norte y en línea recta a la Catedral hacia el sur, en el templo y en la plaza de Santa Catarina se iniciaban diversos festejos que se celebraban en la ciudad; era el punto de inicio de procesiones, donde se realizaban ceremonias para dar la bienvenida a los virreyes o se realizaban eventos para festejar a la Real Universidad, cuya patrona era Santa Catarina.

con una competente copulata[325]   1370
de sus criados mayores.
Allí[326] erigido habían los regidores
un hermoso tablado,
con un regio dosel, entapisado
también muy ricamente,   1375
donde llegó consecutivamente,
entre pompa festiva,
toda la comitiva,
que para casos tales
autorizan los reales tribunales.   1380
Todos muy bien montados:
en mula, los doctores; los togados,
y demás caballeros distinguidos,
en caballos lucidos,
mostrando cada cual en este empeño,   1385
el espíritu noble de su dueño.
Iba el corregidor con el decano
de la ciudad, llevando de la mano,
por el siniestro y por el diestro estribo,
en paso grave, en ademán festivo,   1390
la rienda a un bruto de color melado[327],
en que se veía mi Agustín montado:
hermosa la presencia, airoso el talle,
con engreímiento tanto por la calle,
como si a su fortuna agradeciese   1395

---

[325] *Copulata*: "las Leyes de Indias son la legislación promulgada por los monarcas españoles para regular la vida social, política y económica de los territorios americanos y asiáticos pertenecientes a la Monarquía Hispánica. Fundamentalmente, son la recopilación de las Leyes de Burgos y las Leyes Nuevas, las cuales trataban de otorgar derechos a los indígenas frente a los abusos que se estuviesen cometiendo".

[326] Diego García Panes aporta los detalles de este segmento festivo: "[…] toma el virrey los coches y por distintas calles va a la de Santa Catalina, frente a cuya iglesia está formado un tablado adornado de tapices y con dosel, a cuya hora ya se hallan allí todos los tribunales, que montan en mulas con gualdrapas de terciopelo negro los Doctores de la Universidad, y en caballos todos los ministros de la Real Audiencia vestidos de toga y con gualdrapa de terciopelo negro. Los demás caballeros y títulos de la ciudad y Capitulares de ella en caballos muy bien enjaezados y con ricas galas y libreas. También la familia del virrey con su tren lucido y uno de los pajes con el guión" (p. 111).

[327] Coincide con el *Diario* de García Panes: "Allí monta a caballo el virrey, presidiendo los regidores, como función de la ciudad, y el Corregidor con el Regidor Decano, puestos al lado de Su Excelencia, llevan con unas cintas las riendas del caballo" (p. 111).

el que a tan noble dueño le sirviese,
y como cuando andaba
en las cuatro herraduras se miraba,
mil veces se le puso en la cabeza
que iba con el jinete de una pieza.   1400
Llegaron al lugar donde erigido
el triunfal arco, aparte remitido,
que la ciudad dedica
y a sus nobles expensas edifica.
Allí se hizo parada   1405
y allí quedose la atención pasmada,
viendo una maravilla en su estructura
de arte, ingenio, pincel y arquitectura.
En este sitio, habiendo comedido[328]
de la ciudad las llaves recibido,   1410
el ademán de figurarlas abierta,
le franqueó aquella máquina la puerta[329].
Oíste tal vez de paladión[330] troyano
a ingenio calabrés, o sea mantuano[331],
describir el eruto ponderado,   1415
que a Troya le introdujo su costado.
Pues yo en esta ocasión lo mismo hiciera,
si ya en la descripción, ya en la carrera,
no hubiera sido en opinión corriente,
menor el numen y mayor la gente.   1420
De esta manera, pues, introducido
por medio del concurso referido,
se apeó frente a las casas del estado,
donde yo me había hallado

---

[328] *Comedido*: "cortés, atento, afable, moderado y medido en su trato, y llegado a la razón" (*Aut.*).

[329] Así lo cuenta García Panes: "Con este orden y el estruendo de la artillería, de fuegos artificiales y de repique de campanas, empieza el virrey su entrada pública, que llegando a donde está el arco triunfal, hace ademán de recibir las llaves, y abiertas las figuradas puertas, sigue con el mismo orden y comitiva, hasta apearse en el atrio de la Catedral por la parte que hace frente a las casas del Estado: saluda al paso a la virreina y a todas las señoras que están en los balcones de la carrera" (p. 111).

[330] *Paladión*: "objeto en que estriba o se cree que consiste la defensa y seguridad de algo" (*DRAE*).

[331] Se refiere a Virgilio y la historia que cuenta en *La Eneida* de la guerra de Troya y el caballo de madera que fue usado por los aqueos como una estrategia para introducirse en la ciudad fortificada de Troya.

con obsequios iguales,   1425
entre algunas señoras principales.
Saludome y allí cedí a su empleo,
la represa total de mi deseo.
Fue al pórtico del templo, en que formado
su cabildo e ilustrísimo prelado,   1430
le ministró, en su traje pontificio,
de bendición y paz el beneficio.
En la puerta primera
otro arco se erigió[332], que ser pudiera
en toda su galana perspectiva,   1435
gigante copia de la idea más viva.
Entró después al templo, donde fueron
tantos los instrumentos que se oyeron,
entre canoras voces concertadas,
a fin de que tuviese la memoria   1440
un bosquejo pequeño de la gloria.
Cuando de allí salieron[333]
los coches prevenidos estuvieron,
en que fueron por su orden embarcados,
todos los tribunales ya notados.   1445
Al pasar por la plaza, volvió a verse
concurso tal, que pudo entonces creerse
que la gente que atrás ya se dejaba,
solo era sombra de la que allí estaba.
El ámbito espacioso   1450
que ocupa esta gran plaza era vistoso
teatro, de cuanto liberal reparte
fértil naturaleza, rico el arte,

---

[332] Comenta García Panes en el *Diario*: "En el pórtico de la Catedral ponen otro elevado arco triunfal, y apeándose Su Excelencia con la comitiva lo recibe el Ilustrísimo Arzobispo vestido de pontifical y todo el Cabildo con capas pluviales muy ricas. Y recibiendo la bendición y paz del prelado, entra en la iglesia y hace oración del mismo modo que se dijo en la ciudad de la Puebla, aunque en México no hay costumbre de quitar las espuelas al virrey" (p. 112).

[333] También lo señala García Panes: "Concluida aquella solemne función vuelven el prelado y el Cabildo, acompañando a Su Excelencia hasta la puerta de la Catedral, toma los coches el virrey y todos los tribunales para ir a Palacio, que aunque está inmediato, la plaza es tan grande que tardan mucho en llegar los coches por la enorme concurrencia de gente que la ocupa, que impide el tránsito, llegando ya tarde el virrey y los tribunales al ostentoso refresco que tiene la Ciudad prevenico. Y después viene la virreina con las damas, habiendo recibido igual obsequio del Gobernador del estado" (p. 112).

formando todo a la inspección primera,
una muy exquisita primavera.   1455
La hermosa pila en donde se previno
undoso refrigerio al peregrino,
sufrió desde ella [l]a multitud de gente,
que apagase de ver la sed ardiente,
y con eso,   1460
agobiada del peso,
tal era la opresión en que se hallaba,
que si es que antes corrió despúes sudaba.
El águila altanera,
que en lo alto de esta pila reverbera   1465
al humano calor que le cercaba,
hallarse junto al sol consideraba,
y mil veces de allí bajado hubiera,
si no tener adonde caer no viera,
pues juzgaba impaciente   1470
haberse el suelo convertido en gente.
La acequia real, que es vena cristalina
del Chalco[334] mar, y cuando se avecina
al Tescuano[335] lago proceloso[336],
sirve al palacio de seguro foso,   1475
por sobre la hinchazón de su corriente,
se paró a registrar toda la gente.
No bien fueron entrados
la artillería y fusiles disparados,
en una y otra salva repetida,   1480
al virrey anunció la bienvenida,
y apeándose en el pie de la escalera,
volvió a ocupar su silla. El cielo quiera
que en su robusta salud y vida larga,
tiene la obligación de tanta carga   1485

---

[334] Se refiere al lago de Chalco, un cuerpo de agua que forma parte de la cuenca lacustre de México, muy importante para el desarrollo de la cultura del altiplano mexicano. Era una estructura hidrológica de agua dulce. Junto con los otros grandes lagos mexicanos como los lagos salados de Texcoco, Zumpango y Xaltocan y los de agua dulce de Xochimilco formaron la antigua Cuenca de México, que fue el sitio de establecimiento de muchas culturas de Mesoamérica.

[335] Alude al lago salobre de Texcoco, que era parte de un sistema de lagos localizados al noroeste del valle de México.

[336] *Proceloso*: "lo que frecuentemente padece tempestades y tormentas" (*Aut.*).

y que llegue a mirarse su gobierno:
útil al pueblo, a la memoria eterno,
a los fastos feliz, glorioso a las edades,
en servicio de entrambas majestades.
Mientras yo, en tanta suma,   1490
recogido ya el vuelo de mi pluma[337],
en giro tan modesto fatigada,
la dejo más suspensa que colgada.

---

[337] Después del último relato pormenorizado de la entrada de los virreyes en la Ciudad de México, los últimos cuatro versos introducen un final abrupto.